Lucile Charliac
Annie-Claude Motron

Jean-Thierry Le Bougnec
Bertrand Loreil

PHONÉTIQUE

PROGRESSIVE

DU FRANÇAIS

avec 400 exercices

CLE
INTERNATIONAL
www.cle-inter.com

Descriptif d'une leçon

0 ## Le titre illustre le thème étudié
(définition linguistique de la difficulté)

Un dessin illustre le titre

Observez les exemples
Découverte individuelle ou avec l'aide de l'enseignant.

Explication du thème étudié

UN OU DEUX EXERCICES D'ÉCOUTE :

1 Distinguer. **Identique ou différent ?**

2 Reconnaître.

EXERCICE

DES EXERCICES DE RÉPÉTITION :

3 Un titre donne le contexte. **Répétez.**

DES EXERCICES DE TRANSFORMATION ET DE DIALOGUE :

4 Un titre donne le contexte.
Exemple : *A : Phrase exemple*   *B : Réponse exemple*
À vous !
A : ...   B : ...
A : ...   B : ...
A : ...   B : ...
A : ...   B : ...

*Poème, chanson ou conte illustrent
le thème de la leçon.*

Direction éditoriale : Michèle Grandmangin
Édition : Bernard Delcord
Maquette : Télémaque
Mise en pages : Alinéa
Illustrations : Marco
Logos : Jean Oost

Avant-propos

La **Phonétique progressive du français** *niveau débutant* s'adresse à des apprenants adultes et adolescents non francophones en début d'apprentissage du français. Cet ouvrage vient en amont de *La Phonétique progressive du français, niveau intermédiaire*, dans la même collection.

Ce livre et les 3 CD ou cassettes qui l'accompagnent peuvent s'utiliser en complément d'une méthode de langue ou, plus ponctuellement, pour étudier une difficulté particulière.

Un livret séparé contient les corrigés des exercices et la transcription des enregistrements : ce manuel peut donc être utilisé aussi bien en classe, comme support ou complément de cours, qu'en auto-apprentissage.

Cet ouvrage est essentiellement pratique ; les explications données dans chaque chapitre comportent des phrases aussi courantes que possible et les règles, très simplifiées, cherchent à aller à l'essentiel et à être comprises par des apprenants débutants.

Seules les principales difficultés que rencontrent les non-francophones dans leur apprentissage du français oral ont été abordées. Ces difficultés peuvent être d'ordre rythmique, intonatif, articulatoire ou morpho-phonologique.

Cet ouvrage est composé de 56 leçons groupées en 3 parties de difficulté croissante :
– 1re partie : les caractéristiques du français,
– 2e partie : les sons spécifiques du français,
– 3e partie : les principales difficultés. Reprend, en les approfondissant, les difficultés majeures abordées dans les parties 1 et 2.

Chaque leçon est présentée sur deux pages :
– la page de gauche s'organise autour d'un titre, illustré par une image. La question traitée apparaît dans le titre. On trouve ensuite une phase d'observation et de sensibilisation (sonore et visuelle) qui permet à l'étudiant de mieux appréhender le point étudié, en se référant, pour les sons, à des mots-clés que l'on retrouve tout au long de l'ouvrage ; puis viennent des explications et des schémas pour comprendre seul ou avec le professeur comment corriger la difficulté. Au bas de la page, des activités d'écoute, de discrimination et d'identification permettent à l'apprenant d'isoler, de distinguer et de reconnaître la difficulté, avant de passer aux exercices de production ;
– la page de droite propose des exercices d'application variés, classés par ordre de difficulté croissante. Ces exercices privilégient la production de phrases complètes introduites dans un contexte, en gardant une perspective communicative : exercices de répétition, transformations, dialogues...

Les symboles phonétiques servent de repère à l'enseignant et favorisent l'auto-apprentissage : ils permettent de visualiser l'identique et le différent, et d'avoir accès, en fonction des besoins et des difficultés, à la transcription phonétique des dictionnaires.

Les auteurs

Symboles utilisés

☐ Le rythme : une syllabe

◺ L'intonation : une montée de la voix

◿ L'intonation : une descente de la voix

¢ $ Les lettres non prononcées

La chaîne des mots :

u/n$ ami$: un enchaînement consonantique

/les ‿amis : une liaison

/moi ⌢ aussi : un enchaînement vocalique

L'ouverture :

la bouche
est ouverte

la bouche
est fermée

La position de la langue :

la langue est
en avant

la langue est
en arrière

la langue est
en haut

la langue est
en bas

La nasalité :

la voyelle
est nasale

la voyelle
est orale

La tension :

les muscles sont
plus tendus

les muscles sont
moins tendus

La sonorité :

il y a une
vibration

il n'y a pas
de vibration

consonne
occlusive

consonne
constrictive

La labialité :

les lèvres sont
tirées

les lèvres sont
arrondies

L'acuité :

le son est aigu

le son est grave

⚠ Signale une difficulté particulière

* Signale un mot ou une expression qui appartient à un style plus familier

/ / contiennent des symboles de l'Alphabet Phonétique International (A.P.I.)

Certains symboles phonétiques ressemblent à des lettres

/paʀ/ est la transcription phonétique de *par*

D'autres symboles phonétiques sont plus difficiles à reconnaître

/ʒə/ est la transcription phonétique de *je*

D'autres symboles phonétiques peuvent être confondus avec des lettres de l'alphabet

/kuzy/ est la transcription phonétique de *cousu*

À la fin de l'ouvrage, un tableau récapitule les sons étudiés (page 124), et une grille présente les relations entre les sons et l'orthographe (page 126).

Sommaire

PREMIÈRE PARTIE
Les caractéristiques du français

Le rythme

La musique et l'intonation

Les lettres non prononcées

La chaîne des mots et la continuité

DEUXIÈME PARTIE
Les sons spécifiques du français

Le /y/

Le /z/

1 – Et les gants ? – Élégant !
(Plusieurs mots ou un seul mot : un même rythme)

Observez le rythme des exemples

2 syllabes *dada*
1. Ah bon ?

2. Assez ? ☐☐

3 syllabes *dadada*
3. À ce soir !

4. Arrêtez ! ☐☐☐

4 syllabes *dadadada*
5. J'ai 17 (dix-sept) ans.

6. Absolument ! ☐☐☐☐

5 syllabes *dadadadada*
7. Il s'appelle comment ?

8. Félicitations ! ☐☐☐☐☐

• **Plusieurs mots ou un seul mot : un même rythme.**

> Les mots forment des groupes à l'oral.
> **Dans un groupe, tout est attaché.**

1   Qu'est-ce que c'est ? **Écoutez, et dessinez le rythme.**

Exemple : A : Qu'est-ce que c'est ? ☐☐☐   B : Qu'est-ce que c'est que ça ? ☐☐☐☐

À vous !

1. A : Qu'est-ce que c'est ?

2. B : Qu'est-ce que c'est que ça ?

3. A : C'est mon livre.

4. B : C'est ton nouveau livre ?

5. A : C'est mon dictionnaire.

6. B : C'est ton cahier ?

7. A : C'est ton exercice ?

8. B : C'est très facile !

E X E R C I C E S

2 Écoutez une deuxième fois les exemples de la page de gauche, puis répétez-les.
Regardez les corrigés de l'exercice 1, puis répétez-les.

3 Prêt ? **Répétez.**

2 syllabes

□□

1. Bonjour !   **2.** Ça va ?

3 syllabes

□□□

3. On commence ?   **4.** On y va.

4 syllabes

□□□□

5. Vous m'entendez ?   **6.** Faites attention !

4 Le maître d'hôtel. **Répétez.**

1. A : Bonsoir Madame, bonsoir Monsieur …   △ Prononcez | Meu | sieu |

2. A : Deux personnes ?

3. A : Pardon Madame, vot<u>re</u> manteau.

4. A : Fumeur ? Non-fumeur ?

5. A : Par ici, s'il vous plaît.

6. A : J<u>e</u> vous en prie…

7. A : Suivez-moi !

5 Le robot. **Répétez en imitant la voix.**

1. Comment allez-vous ?   □□□□□

2. Qu'est-ce que vous voulez ?   □□□□□

3. Appuyez sur le bouton !   □□□□□□

6 L'hôtesse de l'air. **Répétez en imitant la voix.**

1. Roissy-Charles de Gaulle…   □□□□□

2. … Vol 227 (*deux cent vingt-sept*)… □□□□

3. … Air France…   □□

4. … Destination : Bamako…   □□□□□□

5. … Embarquement immédiat.   □□□□□□

2 Un café crème...
et un verre d'eau, s'il vous plaît !
(Les groupes rythmiques)

Observez les groupes dans les exemples

1. les gares sont dessinées.
2. les garçons dessinaient.

- La différence entre 1 et 2, ce sont les groupes rythmiques.
- Dans les deux cas, il y a deux groupes rythmiques mais ils sont différents.

> Dans les phrases longues, on trouve plusieurs **groupes rythmiques**.
> Exemple :
> Un café crème   et un verre d'eau,   s'il vous plaît !
> 3 groupes rythmiques

1 Écoutez et soulignez les groupes rythmiques. Comptez-les.

Exemple : « *Allô, Sophie, c'est Maman*. »　　　　 *3* groupes rythmiques.

1. Ton frère vient dîner à la maison avec une amie.　　 ... groupes rythmiques.

2. Mais ton père est en voyage à Marseille.　　 ... groupes rythmiques.

3. Ma chérie, s'il te plaît, viens mercredi !　　 ... groupes rythmiques.

E X E R C I C E S

2 Écoutez une deuxième fois les exemples de la page de gauche, puis répétez-les.
Regardez les corrigés de l'exercice 1 puis répétez-les.

3 Les prénoms composés. **Répétez.**

(4 hommes) **1.** Jean, Jacques, Paul et Henri.
(3 hommes) **2.** Jean-Jacques, Paul et Henri.
(2 hommes) **3.** Jean-Jacques et Paul-Henri.
(4 femmes) **4.** Marie, Claire, Anne et Sophie.
(3 femmes) **5.** Marie-Claire, Anne et Sophie.
(2 femmes) **6.** Marie-Claire et Anne-Sophie.

4 Présentation. **Répétez.**

1. A : Il s'appelle Thomas Cartier.
2. A : Il travaille dans un restaurant.
3. A : Il aime la musique brésilienne.
4. B : Elle s'appelle Martine Lemoine.
5. B : Elle travaille dans un musée.
6. B : Elle aime le cinéma japonais.

5 Les grands magasins. **Répétez.**

A. 1. Monoprix, …
    2. c'est ouvert …
    3. de 9 (*neuf*) heures…

de	neu-	vheures

    4. à 20 (*vingt*) heures.

à	vin-	theures

B. 1. Au Bon Marché, …
    2. la mode été, …
    3. au rayon Femme, …
    4. chez Saint-Laurent.

C. 1. Galeries Lafayette, …
    2. au deuxième étage, …
    3. à la librairie, …
    4. notre sélection.

3 Au secours ! Arrêtez !
Arrêtez tout !

(La dernière syllabe du groupe est plus longue)

Observez la dernière syllabe des exemples

Au sécours !

Arrêtez !

Arrêtez tout !

> La **dernière syllabe** du groupe rythmique est différente des autres :
> elle est **plus longue**.

1   Ton numéro de téléphone ? **Écoutez et dessinez suivant l'exemple.**

Exemple : *J'écoute...*

1. 06 (*zéro six*)...

2. 12 (*douze*)...

3. 17 (*dix-sept*)...

4. 63 (*soixante-trois*)...

5. 16 (*seize*).

6. Je répète : 06-12-17-63-16.

2   Écoutez une deuxième fois les exemples de la page de gauche, puis répétez-les.
Regardez les corrigés de l'exercice 1, puis répétez-les.

3   Les mots « internationaux ». **Répétez.**

1. | L'au | to | bus |

2. | Le | mé | tro |

3. | Le | ti | cket |

4. | Le | passé | port |

5. | Le | ta | xi |

6. | L'a | é | ro | port |

7. | La | ra | dio |

8. | Le | té | lé | phone |

4   Prénoms « internationaux ». **Répétez.**

1. Marianna !

2. Frédéric !

3. Alexandra !

4. Christophe !

5. Olga !

6. Sébastien !

7. Anna !

8. David !

5   Les mots anglais en français. **Répétez.**

1. | Un | san | dwich |

2. | Du | ket | chup |

3. | Un | Co | ca |

4. | Un | wee | k-end |

5. | Du | sho | pping |

6. | Le | foot | ball |

7. | Le | pla | nning |

8. | Un | par | king |

6   Criez ! **Répétez.**

(Dans une discothèque)

1. A : C'est quoi ?

3. A : La musique, c'est quoi ?

2. B : Qu'est-ce que tu dis?

4. B : C'est David Bowie.

5. B : C'est son nouveau disque.

(Sur une moto)

1. A : C'est nouveau ?

3. A : C'est nouveau ?

5. A : Ton T-shirt, c'est nouveau ?

2. B : Comment ?

4. B : Je n'entends rien !

4 Elle est colombienne?
(Les syllabes du groupe sont régulières)

Observez les premières syllabes des exemples

| da | da | da | da | daa |

Elle est canadienne.

| da | da | da | da | da | daa |

Il est indonésien.

Le rythme des syllabes du groupe est **très régulier** jusqu'à la fin du groupe.
Seule, la dernière syllabe du groupe est plus longue.

1   C'est à moi! **Écoutez et dessinez suivant l'exemple.**

Exemple: | Mais | c'est | quoi? |

1. | Ma photo ! |

2. | C'est ma photo ! |

3. | Mais c'est ma photo ! |

4. | C'est ma photo à moi ! |

2 Écoutez une deuxième fois les exemples à la page de gauche, puis répétez-les.
Regardez les corrigés de l'exercice 1, puis répétez-les.

3 Ohlàlà, ohlàlàlàlà ! **Répétez.**

1. C'est bien.

2. C'est très bien !

3. C'est vraiment bien !

4. C'est vraiment très bien !

5. C'est chaud.

6. C'est très chaud !

7. C'est vraiment chaud !

8. C'est vraiment très chaud !

4 Échanges. **Répétez.**

1. A : Et là, ça va ?

3. A : Là, ça né va pas ?

5. A : Pourquoi ?

7. A : Pourquoi pas là ?

9. A : Et pourquoi pas ici !

2. B : Ça né va pas.

4. B : Là-bas, ça né va pas.

6. B : Pourquoi quoi ?

8. B : Pourquoi pas là-bas ?

5 Perdu ? **Répétez.**

1. « Rue dé la Paix ».

2. La rue dé la Paix…

3. C'est la rue dé la Paix ?

4. Oui, c'est bien la rue dé la Paix.

5. « Champs-Élysées ».

6. Les Champs-Élysées…

7. C'est les Champs-Élysées. ?

8. Oui, c'est bien les Champs-Élysées.

6 Vos vacances ? **Écoutez, dessinez et répétez.**

1. En mai, du 2 (*deux*) mai au 22 (*vingt-deux*) mai.

2. En août, du 17 (*dix-sept*) au 31 (*trente et un*).

3. En janvier, du 14 (*quatorze*) au 20 (*vingt*) janvier.

4. En février, à partir du 16 (*seize*) et jusqu'au 21 (*vingt et un*).

5 Un chocolat chaud...
et une bière bien fraîche !
(Les syllabes sont toutes régulières)

Observez les syllabes

Un chocolat chaud...

un	cho	co	lat	chaud

et une bière bien fraîche

et	une	bière	bien	fraîche

> Les syllabes simples (*cho-co-lat*) suivent **le même rythme**
> que les syllabes complexes (*bière-bien-fraîche*).

1 **Le petit déjeuner.** **Écoutez et choisissez suivant l'exemple.**

	□□□□ da da da daa	□□□□□ da da da da daa
Exemple : *Tu n'as pas faim ?*	X	
1. Elle part très tôt.	...	...
2. Un pétit déjeuner ?	...	...
3. Un café serré.	...	...
4. Un gros croissant.	...	...

2 Écoutez une deuxième fois les exemples de la page de gauche, puis répétez-les.
Regardez les corrigés de l'exercice 1 puis répétez-les.

3 Villes et régions. **Répétez.**

1. Caen, en Normandie.

2. Nice, sur la Côte d'Azur.

3. Toulouse, en Midi-Pyrénées.

4. Dijon, en Bourgogne.

5. Rennes, en Bretagne.

6. Ajaccio, en Corse.

4 Rencontre. **Répétez.**

1. A : Comment ça va ?

2. B : Très bien et toi ?

3. A : Tu as deux minutes ?

4. B : Je suis très pressé…

5. A : On prend un café…

6. B : Bon, alors un expresso express !

5 Plusieurs. **Transformez dans le même rythme.**

A : Dix-sept fois ? ☐☐☐   B. Plusieurs fois. ☐☐☐

À vous !

1. A : Di<u>x</u>-sept fois ?   B : ………………

2. A : Di<u>x</u>-neu<u>f</u> personnes ?   B : ………………

3. A : Ving<u>t</u>-sep<u>t</u> Polonais ?   B : ………………

4. A : Ving<u>t</u>-neu<u>f</u> présentateurs ? B : ………………

5. A : Trente-deux nationalités ?   B : ………………

6 Martin … là! Lucas … ici! Nina … au milieu!

(Plusieurs groupes rythmiques)

Observez le rythme des groupes dans les exemples

Martin …	là!	Lucas …	ici!	Nina …	au milieu!

Les **groupes rythmiques** ont tendance à avoir **la même durée**.

---

1   Écoutez et dessinez comme dans l'exemple.

Exemple :

6 fois 5 ?		*30 (trente).*
1. 6 fois 6 ?		36 (*trente-six*).
2. 6 fois 7 ?		42 (*quarante-deux*).
3. 9 fois 8 ?		72 (*soixante-douze*).
4. 9 fois 9 ?		81 (*quatre-vingt-un*).
5. 9 fois 10 ?		90 (*quatre-vingt-dix*).

2 Écoutez une deuxième fois les exemples de la page de gauche, puis répétez-les. Regardez les corrigés de l'exercice 1 puis répétez-les.

3 Je suis libre. **Répétez en rythme.**

1. Ce vendredi ?

2. Mercredi soir… ou vendredi.

3. Mardi midi, mercredi soir… ou vendredi.

4. Et le samédi ?

5. Le mercredi… et le samédi.

6. L'après-midi, le mercredi… et le samédi.

7. Lundi, mercredi… ou vendredi.

8. Ce soir, demain soir… et tous les soirs.

9. Maintenant, tout à l'heure… ou quand tu veux.

4 À l'épicerie. **Répétez en rythme.**

1. Du beurre…

2. Du beurre, du jus d'orange…

3. Du beurre, du jus d'orange et du dentifrice.

5 Ma valise. **Répétez en rythme.**

1. Un pull…

2. Un pull, une chemise…

3. Un pull, une chemise, un pantalon…

4. Un pull, une chemise, un pantalon, une paire de chaussures.

6 Manifestation. **Répétez en rythme.**

1. | da | da | da | da | daa, | | da | daa, | | da | daa, | | da | da | da | da | daaa |

2. On va écouter !   D'accord,   d'accord !   On va travailler !

3. Fini les autos !   Vélo,   vélo !   Ça, c'est écolo !

7

– Pardon madame !
– J<u>e</u> vous en prie.
(Synthèse rythmique)

Observez le rythme dans les syllabes des exemples

Pardon Madame !

Par	don	Ma	dame

Je vous en prie.

Je	vou	s en	prie

Dans les groupes rythmiques :
1. la dernière syllabe est plus longue
2. les autres syllabes sont régulières.

1 Écoutez et dessinez les syllabes sur le texte comme dans l'exemple.

Exemple :

Bon	soir	Ma	dame.

1. A :

Bonjour Monsieur.

2. A :

Comment allez-vous ?

△ Co-mmen-ta-llez-vous

3. B :

Ça va bien,	merci beaucoup.

4. B :

Et toi,	comment vas-tu,	ma p<u>e</u>tite Nathalie ?

5. A :

Je vais très bien.	Il fait si beau !

2 Écoutez une deuxième fois les exemples de la page de gauche, puis répétez-les.
Regardez les corrigés de l'exercice 1 puis répétez-les.

3 Présentations. **Répétez.**

1. A : Bonsoir Maman !

3. A : Ça va très bien, et toi ?

5. A : Voici Martine, une amie.

7. A : Ma mère, Claire.

2. B : Bonsoir mon fils, comment vas-tu ?

4. B : Ça va, ça va.

6. B : Bonsoir Mademoiselle !

8. C : Bonsoir Madame.

4 Au téléphone. **Répétez.**

1. A : Pablo ? C'est Nadia.

2. A : Ça va ? Je te dérange ?

4. A : Qu'est-ce que tu fais ?

6. A : Ah bon ? Il y a un contrôle ?

3. B : Euh… un peu, je travaille.

5. B : Je révise pour le contrôle.

7. B : Hé oui ! La semaine prochaine.

5 Au restaurant. **Répétez en rythme.**

1. A : Vous avez choisi ?

6. A : Que voulez-vous boire ?

2. B : Oui. Alors, en entrée…

3. B : … une salade folle … et une soupe d'hiver.

4. B : Ensuite, une tarte provençale…

5. B : ….et une pièce de bœuf aux herbes.

7. B : Une bouteille d'eau plate…

8. B : … et un verre de bordeaux.

6 Répondeur. **Répétez en rythme.**

1. Bonjour, vous êtes bien chez Delphine et Thomas.

2. Il n'y a personne.

3. Laissez votre message après le signal.

4. On vous rappelle dès notre retour.

8 Ça va? On commence?
(La montée de la voix dans les questions)

Observez les exemples

Ça va? ◿ On commence? ◿ On peut commencer? ◿

> **Pour poser une question, la voix monte.**

1 = ou ≠ ? Identique ou différent? **Écoutez et choisissez.**

	=	≠
Exemple	X	
1		
2		
3		
4		
5		
6		
7		
8		
9		

2   Regardez les corrigés de l'exercice 1, puis répétez-les.

3   Propositions. **Répétez.**

1. Vous vous appelez… ?

2. Vous êtes française ?

3. Vous habitez Paris ?

4. Vous aimez les discothèques ?

5. Vous voulez sortir ?   Ce soir ?

4   Curieux !

Exemple : *A : Elle fait un stage.*   *B : Elle fait un stage ?*

À vous !
1.   A : Elle fait un stage.   B : ………………………
2.   A : Elle connaît le chef.   B : ………………………
3.   A : Il est célibataire.   B : ………………………
4.   A : Ils se voient souvent.   B : ………………………
5.   A : C'est sa fiancée.   B : ………………………

5   Pardon ? **Répétez les questions (B).**

1. A : Je m'appelle Hippolyte.   **2.** B : Pardon ?   Vous vous appelez comment ?
3. A : J'habite à Pau.   **4.** B : Pardon ?   Vous habitez où ?
5. A : Je suis sénégalais.   **6.** B : Pardon ?   Vous êtes de quelle nationalité ?
7. A : Je suis professeur.   **8.** B : Pardon ?   Qu'est-ce que vous faites ?
9. A : J'ai 40 (quarante) ans.   **10.** B : Pardon ? Vous avez quel âge ?
11. A : Je suis marié.   **12.** B : Pardon ? Vous êtes quoi ?
13. A : Et vous ?

9 Ça va. On y va.
(La descente de la voix à la fin des phrases)

Observez les exemples

Ça va ? △   Ça va. △

On y va ? △   On y va. △

> **À la fin d' une phrase, la voix descend.**

1 △ ou △ ? La voix monte ou la voix descend ? **Écoutez et choisissez.**

	△	△
Exemple	X	
1		
2		
3		
4		
5		
6		
7		
8		
9		

2   Regardez les corrigés de l'exercice 1, puis répétez-les.

3   Présentations. **Répétez.**

1. Je m'appelle Antonin.   **2.** Je suis français.

3. J'ai 20 (*vingt*) ans.   **4.** J'habite à Marseille.

5. Je suis étudiant.   **6.** J'aime la musique techno.

7. Je fais du piano.   **8.** Je joue au tennis.

4   D'accord ! **Répétez.**

1. A : Oui ?   **2.** B : Oui.

3. A : D'accord ?   **4.** B : D'accord.

5. A : Tu veux bien ?   **6.** B : Je veux bien.

7. A : Tu n'as pas peur ?   **8.** B : Je n'ai pas peur.

8. A : On peut commencer ?   **9.** B : On peut commencer.

5   Répondez !

Exemple : *A : Non ?*   *B : Non.*

À vous !

1. A : Non ?   B : ....

2. A : C'est bon ?   B : ....

3. A : C'est là-bas ?   B : ....

4. A : C'est* pas fini ?   B : ....

5. A : Il a commencé ?   B : ....

6. A : Il ne veut pas parler ?   B : ....

* Style familier pour *Ce n'est pas fini ?*

10 J'aime le rock, le rap et le reggae.
(La montée de la voix quand la phrase n'est pas finie)

Observez l'exemple

J'aime le rock, le rap, le reggae, la techno et l'opéra.

| Si la phrase n'est pas finie, la voix monte. |

1 **Un travail difficile !** Écoutez et reliez les phrases aux schémas.

1. Exemple : *Il travaille.*

2. Il travaille dans un supermarché.

3. Il travaille dans un supermarché le matin.

4. Il travaille dans un supermarché le matin, à cinq heures.

5. Il travaille dans un supermarché le matin, de cinq heures à midi.

6. Il travaille tous les samedis dans un supermarché, le matin, de cinq heures à midi.

a.

b.

c.

d.

e.

f.

2   Regardez les corrigés de l'exercice 1, puis répétez-les.

3   Les courses. **Répétez.**

À la boulangerie :

1. Je voudrais deux baguettes   et six croissants.

Chez le marchand de légumes :

2. Je voudrais de la salade,   des pommes de terre et des tomates.

4   Caroline, Pedro et les autres. **Répétez.**

1. Elle s'appelle Caroline,   elle est italienne,   elle a 27 (*vingt-sept*) ans.

2. Il s'appelle Pedro,   il est espagnol,   il habite à Paris.

3. Elle s'appelle Yumiko,   elle est japonaise,   elle est photographe   chez Kenzo.

5   Recettes.

Exemple : La mousse au chocolat :

A : Du chocolat, du sucre, des œufs et du beurre. B : *Il faut du chocolat,   du sucre,   des œufs   et du beurre.*

À vous !

La mousse au chocolat :

A : Du chocolat, du sucre, des œufs et du beurre. B : ....

La soupe au potiron :

A : De l'eau, des carottes, un potiron et du sel.   B : ....

11 À 14 (quatorze) heures, il faut partir !

(Synthèse rythmique et mélodique)

Observez les exemples

À quatorze heures,   il faut partir.

Il faut partir   à 14 heures.

> Les groupes rythmiques correspondent souvent à une idée.
> On se fait mieux comprendre en marquant les groupes rythmiques
> et **en respectant le rythme et l'intonation**.

1 **Écoutez et dessinez suivant l'exemple.**

Exemple : *Une semaine* *au Mexique*.

1. Une semaine au Mexique.
2. Au Mexique, une semaine.
3. On va partir lundi prochain.
4. Lundi prochain, on va partir.
5. Pendant une semaine, on va voyager.
6. On va voyager pendant une semaine.
7. On va rentrer le 21 (*vingt et un*).
8. Le 21 (*vingt et un*), on va rentrer.
9. C'est trop court, les vacances.
10. Les vacances, c'est trop court.

2   Écoutez une deuxième fois les exemples de la page de gauche, puis répétez-les.
Regardez les corrigés de l'exercice 1 puis répétez-les.

3   Comment ? **Répétez.**

1. A : Pour dîner chez ma mère.   **2.** B : Chez ta mère ? Pour dîner ?

3. A : Oui. Après ton cours, mercredi soir.   **4.** B : Mercredi soir ? Après mon cours ?

5. A : Oui. Je viens tẹ chercher à la sortie   **6.** B : À la sortie ? Tu viens mẹ chercher ?

7. A : Au café, à 7 (*sept*) heures.   **8.** B : À 7 (*sept*) heures ? Au café ?

4   Précisions. **Répétez.**

1. S'il vous plaît.

2. Un pẹtit peu, s'il vous plaît.

3. Juste un pẹtit peu, s'il vous plaît.

4. Encore un pẹtit peu, s'il vous plaît.

5. Encore un tout pẹtit peu, s'il vous plaît.

5   Imprécisions. **Répétez.**

1. Je nẹ sais pas.

2. Là, je nẹ sais pas.

3. Là-bas, je nẹ sais pas.

4. Par là-bas, je nẹ sais pas.

5. Là-bas peut-être, je nẹ sais pas.

6   Un message.
Écoutez et soulignez les groupes rythmiques. Puis, lisez en même temps que l'enregistrement.

Le 14 (*quatorze*) mai

Chère Kathryn,

Je tẹ remercie pour ta réponse à mon annonce sur Internet.

Depuis longtemps, jẹ rẹcherche une correspondante comme toi.

Tu m'écris en allẹmand et jẹ tẹ réponds en français, d'accord ?

12 Marié¢, ou célibatair¢ ?
(Le « e » final non prononcé)

Observez les exemples

Ell¢ s'appell¢ Mari¢. Ell¢ est marié¢, ou célibatair¢ ?

> On ne prononce pas le « e » (on n'entend pas ə) à la fin des mots.

1 Écoutez et soulignez ce que vous entendez, puis indiquez le nombre de syllabes.

			Nombre de syllabes ?
Exemple	_courag¢_	courageux	2
1	heur¢	euro	
2	heur¢	heureux	
3	nuag¢	nuageux	
4	neuv¢	neveu	
5	fatigu¢	fatigué	
6	arrêt¢	arrêter	
7	mètr¢	métro	
8	port¢	porté	
9	fêt¢	fêter	

2 Regardez les corrigés de l'exercice 1, puis répétez-les.

3 Garçon ou fille ? **Répétez.**

1. Je m'appelle Pascal.   =   2. Je m'appelle Pascale.

3. Je m'appelle Michel.   =   4. Je m'appelle Michèle.

5. Je m'appelle Daniel.   =   6. Je m'appelle Danielle.

7. Je m'appelle Frédéric.   =   8. Je m'appelle Frédérique.

4 Enchanté ! **Répétez.**

1. A : Je m'appelle Basile.   2. B : Je m'appelle Caroline.

3. A : Je suis célibataire.   4. B : Je suis mariée.

5. A : Je travaille dans la police.   6. B : Je travaille dans la mode.

7. A : Enchanté !   8. B : De même !

5 Lui et elle.

Exemple : *A : Lui : marié.*   *B : Elle : mariée.*

À vous !

1. A : Lui : marié.   B : Elle : ....

2. A : Lui : employé.   B : Elle : ....

3. A : Lui : invité.   B : Elle : ....

4. A : Lui : fatigué.   B : Elle : ....

5. A : Lui : désolé.   B : Elle : ....

6 Dans une pièce... **Répétez.**

1. Dans une pièce, une table.

2. Sur la table, un coffre.

3. Dans le coffre, des livres.

4. Sous les livres, une montre.

5. Une montre, superbe !

13 Vou$ parle₂ japonai$?
(La consonne finale non prononcée)

Observez les exemples

Vou$ parle₂ japonais ?   No**n**, nou$ somm**e**s thaïlandai$!

Il**s** parl**ent** troi$ langu**e**$?   Oui, alleman**d**, itali**en** e**t** anglai$; c'e$t beaucou**p** !

En général, on ne prononce pas les dernières consonnes écrites des mots.

---

1 Quel mot entendez-vous ? **Écoutez et soulignez ce que vous entendez.**

	Ne finit pas par une consonne **prononcée** (masculin)	Finit par une consonne prononcée (féminin)
Exemple :	*anglai$*	*anglais*
1	étudian**t**	étudiant**e**
2	étange**r**	étrangèr**e**
3	amoureu**x**	amoureus**e**
4	all$e$man**d**	all$e$mand**e**
5	dernie**r**	dernièr**e**
6	brésili**en**	brésilienn**e**
7	mexicai**n**	mexicain**e**
8	coré**en**	coréenn**e**
9	chinoi$	chinois**e**

2 Écoutez une deuxième fois les exemples de la page de gauche, puis répétez-les.
Regardez les corrigés de l'exercice 1, puis répétez-les.

3 Conjugaison ! **Répétez.**

1. Je bois.　Tu bois.　Elle boit.
2. Je lis.　Tu lis.　On lit.
3. Je peux.　Tu peux.　Il peut.
4. Je pars.　Tu pars.　On part.
5. Tu dînes.　Elle dîne.　Elles dînent.

4 D'accord !

Exemple : *A : Tu viens ?*　*B : Oui, je viens !*

À vous !

1. A : Tu viens ?　B : Oui, …………..
2. A : Tu bois ?　B : ………………..
3. A : Tu veux ?　B : ………………..
4. A : Tu finis ?　B : ………………..
5. A : Tu peux venir ?　B : ………………..

5 Polyglottes !

Exemple : *A : Elles sont japonaises.*　*B : Vous parlez japonais ?*

À vous !

1. A : Elles sont japonaises.　B : ……………………..
2. A : Elles sont françaises.　B : ……………………..
3. A : Elles sont coréennes.　B : ……………………..
4. A : Elles sont ₜ anglaises.　B : ……………………..
5. A : Elles sont ₜ allemandes.　B : ……………………..
6. A : Elles sont ₜ italiennes.　B : ……………………..
7. A : Elles sont ₜ américaines.　B : ……………………..

14 ⌊J'aime ⌊l'été, je ⌊n'aime pas ⌊l'hiver !

(L'élision)

Observez les exemples

Les amis	☐☐☐	3 syllabes
Une école	☐☐☐	3 syllabes
Tu arrives	☐☐☐	3 syllabes

⌊L'ami	☐☐	2 syllabes
⌊L'école	☐☐	2 syllabes
⌊J'arrive	☐☐	2 syllabes

> Devant un mot qui commence par une voyelle ou un « h »,
> **j' , m', t', s', l', c', n', et d'** forment une syllabe avec la voyelle initiale du mot qui suit.
> **C'est l'élision.** (Certains « h » sont « irréguliers ».)

1 Élision ou pas ? **Écoutez et soulignez ce que vous entendez**

	Élision	Pas d'élision
Exemple : *j'adore.*	*j'*	je
1. ......déteste.	j'	je
2. ......mer.	l'	la
3. ......addition.	l'	la
4. ......hôtel.	l'	le
5. pas ......amis.	d'	de
6. pas ......copains.	d'	de
7. ......amis.	l'	les
8. elle ......est pas là.	n'	ne
9. ......est fini !	c'	ce

2 Écoutez une deuxième fois les exemples de la page de gauche, puis répétez-les. Regardez les corrigés de l'exercice 1, puis répétez-les.

3 Quelle langue parlent-ils?

Exemple: *A: Quelle langue parlent les Anglais ?*   *B: Les Anglais ? L'anglais.*

À vous !

1. A: Quelle langue parlent les Anglais ?   B : ....

2. A: Quelle langue parlent les Allemands?   B : ....

3. A: Quelle langue parlent les Espagnols?   B : ....

4. A: Quelle langue parlent les Italiens?   B : ....

5. A: Quelle langue parlent les Albanais?   B : ....

4 Je n'ai rien !

Exemple: *A: Tu as des amis ?*   *B: Non, je n'ai pas d'amis.*

À vous !

1. A: Tu as des amis ?   B : ....

2. A: Tu as des enfants ?   B : ....

3. A: Tu as des idées ?   B : ....

4. A: Tu as des euros ?   B : ....

5. A: Tu as des histoires ?   B : ....

5 Oui ! Oui !

Exemple: *A: Tu arrives ?*   *B: Oui, oui, j'arrive !*

À vous !

1. A: Tu arrives ?   B : ....

2. A: Tu appelles ?   B : ....

3. A: Tu écris ?   B : ....

4. A: Tu écoutes ?   B : ....

5. A: Tu hésites ?   B : ....

15 Samedi ? Pas dé problème !

(Le « e » non prononcé - la chute du /ə/)

samedi

Observez les exemples

Samédi	same	di

À démain

àde	main

Tu lé sais

tule	sais

Pas dé problèmé

pade	pro	blème

> On ne prononce pas toujours le « e » (on n'entend pas le son ə)
> à l'intérieur du mot ou du groupe de mots.

---

1 Écoutez et indiquez le nombre de syllabes.

	2 syllabes	3 syllabes	4 syllabes	5 syllabes
Exemple : *Tu reviens quand ?*		X		
1. Dans deux semaines.				
2. Au revoir !				
3. Un petit café ?				
4. Tu ne veux pas ce café ?				
5. Tu ne bois pas ?				
6. Il s'est cassé le bras !				
7. Il n'a pas de chance !				

2 Regardez les corrigés de l'exercice 1, puis répétez-les.

3 Au revoir ! **Répétez.**

1. À tout de suite !

à	tout de	suite

2. À demain matin !

à de	main	ma	tin

3. À samedi !

à	same	di

4. À la semaine prochaine !

à	la se	maine	pro	chaine

5. Au revoir !

aure	voir

4 Bon appétit ! **Répétez.**

1. L'épicerie.

l'é	pice	rie

2. La boulangerie.

la	bou	lange	rie

3. La pâtisserie.

la	pâ	tisse	rie

4. La boucherie.

la	bouche	rie

5. La charcuterie.

la	char	cute	rie

5 Non, non et non !

Exemple : *A: Tu peux ?*   *B: Non, je ne peux pas !*

je ne	peux	pas

À vous !

1. A : Tu peux ?   B : ....

2. A : Tu veux ?   B : ....

3. A : Tu dors ?   B : ....

4. A : Tu bois ?   B : ....

5. A : Tu comprends ?   B : ....

6 À table !

Exemple : *A: Le sel ?*   *B: Oui, passe-moi le sel, s'il te plaît !*

passe	moi le	sel

À vous !

1. A : Le sel ?   B : ....

2. A : Le pain ?   B : ....

3. A : Le plat ?   B : ....

4. A : Le vin ?   B : ....

5. A : Le fromage ?   B : ....

                            B : Merci !

16 Il habite à Paris !
Elle habite à Paris !

(L'enchaînement consonantique)

Observez les exemples

Il habite à Paris

ilabitapari

i	la	bi	ta	pa	ri

Elle habite à Paris

èlabitapari

è	la	bi	ta	pa	ri

> Dans un groupe, la voix ne s'arrête pas entre les mots.
> On prononce la consonne finale d'un mot
> avec la voyelle initiale du mot qui suit.
> On forme une nouvelle syllabe orale.
> **C'est l'enchaînement consonantique.**

1 « lil », « dil », « til », « nil » ? **Écoutez et choisissez.**

	« lil »	« dil »	« til »	« nil »
Exemple : *Une île.*				X
1. Cette île.				
2. Une belle île.				
3. Une petite île.				
4. Une grande île.				
5. Une nouvelle île.				

2 Regardez les corrigés de l'exercice 1, puis répétez-les.

3 Il habite à Paris. **Répétez.**

1. Il habite à Paris. - Elle habite à Paris.

2. Il est là. - Elle est là.

3. Quel ami ? - Quelle amie ?

4. Quel artiste ! - Quelle artiste !

4 Qui es-tu ?

Exemple : A : *Quelle est sa nationalité ?*   B : *Quelle est ta nationalité ?*

À vous !

1. A : Quelle est sa nationalité ?   B : ....

2. A : Quel est son $_n$ âge ?   B : ....

3. A : Quelle est sa profession ?   B : ....

4. A : Quelle est son $_n$ adresse ?   B : ....

5. A : Quel est son numéro de téléphone ? B : ....

5 Elle a quel âge ?

Exemple : A : *Trente ans.*   B : *Elle a trente ans !*

À vous !

1. A : Trente ans.   B : ....

2. A : Soixante ans.   B : ....

3. A : Treize ans.   B : ....

4. A : Quatre ans.   B : ....

6 Elle habite où ?

Exemple : A : *Elle habite à Paris ?*   B : *Non, à Marseille.*   A : *Elle habite à Marseille ?*

À vous !

1. B : Non, à Marseille.   A : Elle habite à Marseille ?

2. B : Non, à Toulouse.   A : ....

3. B : Non, à Bordeaux.   A : ....

4. B : Non, à Nice.   A : ....

5. B : Non, à Lyon.   A : ....

6. B : Oui ! Elle habite à Lyon.

17 Tu es à Tahiti !
(L'enchaînement vocalique)

Observez les exemples

Ohé !

o	hé

Théâtre.

thé	âtre

Sahara.

sa	ha	ra

Aéroport.

a	é	ro	port

Tu es à Tahiti !

tu	es	à	ta	hi	ti

Tu es au théâtre ?

tu	es	au	thé	âtre

> La voix ne s'arrête pas entre les mots. Deux voyelles qui se suivent forment deux syllabes. On ne coupe pas la voix entre ces deux voyelles.
> **C'est l'enchaînement vocalique.**

1 Écoutez et indiquez le nombre de syllabes.

	2 syllabes	3 syllabes	4 syllabes	5 syllabes	6 syllabes
Exemple : *Ohé !*	X				
1					
2					
3					
4					
5					
6					

2 Regardez les corrigés de l'exercice 1, puis répétez-les.

3 Moyens de transport. **Répétez.**

1. Tu as un vélo ?

2. Tu as une voiture ?

3. Tu as un bateau ?

4. Tu as une moto ?

5. Tu as aussi une paire de chaussures !

4 Beaucoup d'amies !

Exemple : *A: J'ai une amie...*

B: Anglaise ?   *A: J'ai une amie anglaise.*

À vous !

1. B : Espagnole ?   A : ....

2. B : Américaine ?   A : ....

3. B : Allemande ?   A : ....

4. B : Indienne ?   A : ....

5. B : Angolaise ?   A : ....

6. B : Italienne ?   A : ....

5 Rendez-vous.

Exemple : *A: Rendez-vous ici ?*   *B: D'accord, rendez-vous ici.*

À vous !

1. A : Rendez-vous ici ?   B : ....

2. A : Rendez-vous au café ?   B : ....

3. A : Rendez-vous au cinéma ?   B : ....

4. A : Rendez-vous à la cafétéria ?   B : ....

5. A : Rendez-vous au restaurant ?   B : ....

18 Ils‿ont‿un‿enfant !
(La liaison)

Observez les exemples

Un neuf = un‿œuf | Mon nombre = mon‿ombre

Désert = des‿airs | C'est tout vert = c'est‿ouvert

> La voix ne s'arrête pas entre les mots. Dans certains cas, on prononce la lettre finale d'un mot avec la voyelle initiale du mot qui suit. On forme une nouvelle syllabe orale.
> **C'est la liaison.**

1 Écoutez et choisissez : [nami], [zami] ou [tami].

	[zami]	[nami]	[tami]
Exemple : *Des amis.*	X		
1. Nos amis.			
2. Les amis.			
3. Petit ami.			
4. Deux amis.			
5. Trois amis.			
6. Vingt amis.			
7. Un ami.			
8. Un grand ami.			

2 Écoutez une deuxième fois les exemples de la page de gauche, puis répétez-les.
Regardez les corrigés de l'exercice 1, puis répétez-les.

3 Histoire d'été ! **Répétez.**

1. Un copain - Un ami.

2. Son bras - Son épaule.

3. Un printemps - Un été.

4. On déteste - On aime.

5. On téléphone - On espère.

6. Mon copain - Mon ami.

4 **Répétez.**

1. A : Vous arrivez ? **2.** B : On arrive. **3.** A : Et tes amis ? **4.** B : Ils arrivent demain.

5. A : Vous y allez ? **6.** B : On y va. **7.** A : Et tes amies ? **8.** B : Elles y vont.

5 En avion !

Exemple : *A : Des...*   *B : Des avions.*

À vous !

1. A : Des...   B : ....

2. A : Vingt...   B : ....

3. A : Un....   B : ....

4. A : Un petit...   B : ....

5. A : Le dernier... B : ....

6. A : Mon...   B : ....

6 Mais où est-ce ?

Exemple : *A : Où est la France ?* *B : La France est en Europe.*

À vous !

1. A : Où est la France ?   B : ....

2. A : Où est la Chine ?   B : ....

3. A : Où est le Chili ?   B : ....

4. A : Où est l'Australie ?   B : ....

5. A : Où est le Sénégal ?   B : ....

Document complémentaire n° 1

Exercice de lecture

Une jeune voleuse de 19 ans est interrogée par un juge d'instruction.

LE JUGE – Et l'argent? Alors, je vous écoute!

LOUISE – On me l'a donné.

LE JUGE – «On» vous l'a donné? Qui?

LOUISE – Mon ami.

LE JUGE – Ah! Parce que vous avez un ami. Quel est son nom?

LOUISE – Hippolyte.

LE JUGE – Hippolyte comment?

LOUISE – Je ne sais pas!

LE JUGE – Vous ne connaissez pas son nom de famille?

LOUISE – Non. Il ne me l'a jamais dit.

LE JUGE – Ah, c'est bizarre! Comment est-il?

LOUISE – Comment est-il?

LE JUGE – Oui, comment il est? Petit? Grand?

LOUISE – Il est… grand.

LE JUGE – Grand.

LOUISE – Brun.

LE JUGE – Hum!

LOUISE – Avec des yeux bleus.

LE JUGE – Oui.

LOUISE – Il est très beau!

LE JUGE – Ah, ça…! Quel âge?

LOUISE – Vingt ans… Oh non, non, vingt-cinq.

LE JUGE – Comment est-il habillé en général?

LOUISE – Il a toujours des costumes anglais et puis… des chaussures italiennes. Oh, il est très élégant!

LE JUGE – Il a une voiture?

LOUISE – Oui, une voiture de sport, blanche… avec des sièges en cuir noir. C'est une voiture allemande.

LE JUGE – Quelle est sa profession?

LOUISE – Il… Il est étudiant.

LE JUGE – Hmm… Il a vingt-cinq ans, il porte des costumes anglais, il possède une voiture de sport allemande et il est étudiant!

LOUISE – Oui, ses parents sont très riches, ils lui donnent beaucoup d'argent.

LE JUGE – Écoutez, Mademoiselle. Arrêtez! Vous ne dites pas la vérité.

LOUISE – Mais Monsieur…

LE JUGE – Non, taisez-vous! Votre… Hippolyte n'existe pas. Vous l'avez inventé! C'est un personnage de bande dessinée!

D'après *Les Maîtres du Mystère : Première Comparution* d'Alain FRANCK, INA, 1re diffusion le 22/10/1968 sur France Inter (ORTF).

Les sons spécifiques du français

Lune /y/

Vous pouvez étudier à nouveau la voyelle /y/ dans la troisième partie (leçons 42 et 48).

Zéro /z/

Vous pouvez étudier à nouveau la consonne /z/ dans la troisième partie (leçon 44).

Deux /Œ/

Vous pouvez étudier à nouveau la voyelle /Œ/ dans la troisième partie (leçons 41, 42, 47, 49 et 50).

Cent /ɑ̃/

Vous pouvez étudier à nouveau la voyelle /ɑ̃/ dans la troisième partie (leçons 43, 51 et 55).

Douze /u/

Vous pouvez étudier à nouveau la voyelle /u/ dans la troisième partie (leçons 48 et 50).

Terre /R/

19 Un livre sur la peinture.
(Les voyelles /i/ - /y/)

Observez les exemples

6

six

lune

livre
/i/

Les lèvres sont tirées.

peinture
/y/

Les lèvres sont arrondies.

1 = ou ≠ ? Identique ou différent ? **Écoutez et choisissez.**

	Exemple	1	2	3	4	5
=						
≠	X					

2 /i/ ou /y/ ? **Écoutez et choisissez.**

		Exemple	1	2	3	4	5
/i/	six						
/y/	lune	X					

3 **Répétez.**

1. /i/   Six villes.

2. /y/   Une rue.

3. /i/ - /y/   Il s'amuse.

4. /y/ - /i/   Tu étudies.

4 **Regardez les corrigés des exercices 1 et 2, puis répétez-les.**

5 Qu'est-ce que tu lis ? **Répétez.**

1. A : Je lis un livre sur la peinture.

2. B : Tu lis un livre sur la peinture !

3. A : Je lis un livre sur la sculpture.

4. B : Tu lis un livre sur la sculpture !

5. A : Je lis un livre sur les légumes.

6. B : Tu lis un livre sur les légumes !

7. A : Je lis un livre sur les voitures.

8. B : Un livre sur les voitures !

9. B : Tu lis vraiment beaucoup !

6 Fumer avec un rhume… **Répétez.**

1. A : Il a un rhume et il fume !

2. B : Avec un rhume, il ne fume plus !

3. A : Si, il fume de plus en plus !

4. B : Il faut qu'il ne fume plus !

7 Il est trop occupé !

Exemple : *A : Il lit dix pages ?*   *B : Pas dix pages, une.*

À vous !

1. A : Il lit dix pages ?   B : …………………………

2. A : Il écrit dix lignes ?   B : …………………………

3. A : Il signe dix lettres ?   B : …………………………

4. A : Il attend dix minutes ?   B : …………………………

C'était dans la nuit brune,
sur le clocher jauni,
La lune
Comme un point sur un « i ».
Poème, Alfred de Musset

20 Il a de la confiture sur la bouche.
(Les voyelles /y/ - /u/)

Observez les exemples

lune

12

douze

confiture	*bouche*
/y/	/u/
La langue est très en avant.	La langue est très en arrière.
La voyelle est aiguë.	La voyelle est très grave.

1 = ou ≠ ? Identique ou différent ? **Écoutez et choisissez.**

	Exemple	1	2	3	4	5
=						
≠	X					

2 /y/ ou /u/ ? **Écoutez et choisissez.**

	Exemple	1	2	3	4	5
/y/ lune	X					
/u/ douze						

3   **Répétez.**

1. /y/   S<u>u</u>r. - Dess<u>u</u>s.
2. /u/   S<u>ou</u>s. - Dess<u>ou</u>s.
3. /y/ - /u/   Une tour.
4. /u/ - /y/   Douze ceintures.

4   **Regardez les corrigés des exercices 1 et 2, puis répétez-les.**

5   **La bouche du bébé. Répétez.**

1. Il a du sucre sur la bouche.
2. Il a du jus sur la bouche.
3. Il a de la confiture sur la bouche.
4. Il a de la peinture sur la bouche.
5. Lave-lui la bouche !

6   **Tu le poses où ?**

Exemple : *A : Tu le poses sous les couteaux ?*   *B : Non, <u>sur</u> les couteaux.*

À vous !

1. A : Tu le poses sous les couteaux ?   B : …..........................
2. A : Tu le poses sous les fourchettes ?   B : …..........................
3. A : Tu le poses sous les bouteilles ?   B : …..........................

7   **Tu parles quelles langues ?**

Exemple : *A : Tu aimes parler le russe ?*   *B : Le russe ? Beaucoup !*

À vous !

1. A : Tu aimes parler le russe ?   B : …..........................
2. A : Tu aimes parler le turc ?   B : …..........................
3. A : Tu aimes parler le portugais ?   B : …..........................
4. A : Tu aimes parler le suédois ?   B : …..........................

Loup où es-tu ? (…)
Mon petit loup que fais-tu ? (…)
Loup ô mon loup, où êtes-vous ?
Loup où es-tu ?, chanson, Charles Trenet

21 Il est ridicule, ce monsieur !

(Les voyelles /y/ - /œ/)

Observez les exemples

lune

2

deux

ridicule /y/ La bouche est plus fermée. Les muscles sont plus tendus.	*monsieur* /œ/ La bouche est moins fermée. Les muscles sont moins tendus.

1   = ou ≠ ? Identique ou différent ? **Écoutez et choisissez.**

	Exemple	1	2	3	4	5
=						
≠	X					

2   /œ/ ou /y/ ? **Écoutez et choisissez.**

	Exemple	1	2	3	4	5
/y/ lune						
/œ/ deux	X					

3 **Répétez.**

1. /y/ — Tu t'excuses.
2. /œ/ — Je veux.
3. /y/ - /œ/ — Tu veux.
4. /œ/ - /y/ — Veux-tu ?

4 **Regardez les corrigés des exercices 1 et 2, puis répétez-les.**

5 **Rendez-vous.**

Exemple : *A : Rendez-vous mercredi.*   *B : À quelle heure tu peux, mercredi ?*

À vous !

1. A : Rendez-vous mercredi.   B : ....
2. A : Rendez-vous vendredi.   B : ....
3. A- Rendez-vous mardi.   B : ....
4. A : Rendez-vous jeudi.   B : ....

6 **Une, pas deux.**

Exemple : *A : Tu veux deux pommes ?*   *B : Une pomme, pas deux.*

À vous !

1. A : Tu veux deux pommes ?   B : ....
2. A : Tu veux deux poires ?   B : ....
3. A : Tu veux deux pêches ?   B : ....
4. A : Tu veux deux prunes ?   B : ....

7 **Beaucoup de garçons !**

Exemple : *A : Il a combien de frères, Luc ?*   *B : Luc ? Deux, bien sûr !*

À vous !

1. A : Il a combien de frères, Luc ?   B : ....
2. A : Il a combien de frères, Jules ?   B : ....
3. A : Il a combien de frères, Auguste ?   B : ....
4. A : Il a combien de frères, Marius ?   B : ....

La terre est bleue comme une orange.
Poème, Paul Éluard

22 Il est turc, sa femme est suisse.
(La voyelle /y/ - la syllabe /ɥi/)

Observez les exemples

lune

huit

turc /y/	*suisse* /ɥi/

Les lèvres sont arrondies. La position est statique.	Les lèvres passent d'arrondies à tirées. Le mouvement est dynamique.

1 = ou ≠ ? Identique ou différent ? **Écoutez et choisissez.**

	Exemple	1	2	3	4	5
=						
≠	X					

2 Indiquez le nombre de syllabes.

	1 syllabe	2 syllabes	3 syllabes
Exemple		X	
1			
2			
3			
4			
5			

3   **Répétez.**

1. /y/   T<u>u</u> as v<u>u</u>.

2. /ɥi/   C'est la n<u>ui</u>t.

3. /y/ - /ɥi/   Tu lui dis.*

4. /ɥi/ - /y/   Je suis sûr.

* Style familier pour « Tu le lui dis. »

4   **Regardez les corrigés des exercices 1 et 2, puis répétez-les.**

5   **L'orage.** **Répétez.**

1. A : Tu as entendu ce bruit ?   **2.** B : Tu es bête, c'est la pluie !

3. A : Quelle pluie, toute la nuit !   **4.** B : Et quel bruit, toute la nuit !

6   **Tout de suite !**

Exemple : *A : Je fais les courses plus tard ?*   *B : Non, tu les fais tout de suite !*

À vous !

1. A : Je fais les courses plus tard ?   B : ....

2. A : Je lave les salades plus tard ?   B : ....

3. A : Je sors les fromages plus tard ?   B : ....

4. A : Je sers les fruits plus tard ?   B : ....

5. A : Je coupe les gâteaux plus tard ?   B : ....

7   **Une seule...**

Exemple : *A : Cet appartement a combien de chambres ?*   *B : Lui, il n'en a qu'une !...*

À vous !

1. A : Cet appartement a combien de chambres ?   B : ....

2. A : Cet appartement avait combien de chambres ?   B : ....

3. A : Cet appartement aura combien de chambres ?   B : ....

Cui cui cui, dit un moineau gris
Je suis le maître de Paris (...)
Cui cui cui, dit un moineau gris.
Chanson enfantine

23 Une fille ou un garçon ?

(La syllabe /yn/ - la syllabe /Ẽ/ = féminin ou masculin)

Observez les exemples

 lune

1 un

une	*un*
/yn/	/Ẽ/
Féminin	Masculin
Voyelle orale + n	Voyelle nasale
Les lèvres sont arrondies.	Les lèvres sont tirées.

1 **Écoutez et soulignez ce que vous entendez.**

Exemple	*Un concierge*	*Une concierge*
1	Un journaliste	Une journaliste
2	Un libraire	Une libraire
3	Un dentiste	Une dentiste
4	Un élève	Une élève
5	Un ami	Une amie
6	C'est un violoniste	C'est une violoniste
7	C'est un géographe	C'est une géographe
8	C'est un pianiste	C'est une pianiste
9	C'est un archéologue	C'est une archéologue
10	C'est un artiste	C'est une artiste

E X E R C I C E S

2   **Regardez le corrigé de l'exercice 1, puis répétez-le.**

3   **Garçon !**

Exemple : *A : Garçon, un café, s'il vous plaît !*   *B : Un café, un !*

À vous !

1. A : Garçon, un café, s'il vous plaît !   B : ....

2. A : Garçon, un coca, s'il vous plaît !   B : ....

3. A : Garçon, une bière, s'il vous plaît !   B : ....

4. A : Garçon, une vodka, s'il vous plaît !   B : ....

4   **Il me faut beaucoup de choses...**

Exemples : *A : Il me faut un crayon.*   *B : En voilà un !*

             A : J'ai besoin d'une gomme.   *B : En voilà une !*

À vous !

1. A : Il me faut un crayon.   B : ....

2. A : J'ai besoin d'une gomme.   B : ....

3. A : Tu aurais une cassette ?   B : ....

4. A : Je voudrais un disque.   B : ....

5. A : Vous auriez une valise ?   B : ....

6. A : Je cherche un sac.   B : ....

5   **Un ou deux ?**

Exemples : *A : J'ai trouvé un gant.*   *B : Un seul ?*

             A : J'ai oublié une botte.   *B : Une seule ?*

À vous !

1. A : J'ai trouvé un gant.   B : ....

2. A : J'ai oublié une botte.   B : ....

3. A : J'ai cassé un ski.   B : ....

4. A : J'ai lavé une chaussette.   B : ....

5. A : J'ai perdu une chaussure.   B : ....

Un garçon mange un pain
Une fille mange une prune
Un pain, ce n'est pas rien,
Une prune, ce n'est pas la lune !

Petit poème

24 Un Japonais et une Suédoise.

(Absence ou présence de /z/ final : masculin ou féminin)

Observez les exemples

$ non prononcé

0 zéro

japonais	*suédoise*
je lis	*ils lisent*
Masculin.	/z/
Verbe au singulier.	Féminin.
On ne prononce pas	Verbe au pluriel.
– le « s » à la fin des mots,	« -se » se prononce /z/,
– le « x » à la fin des mots.	« -sent » se prononce /z/.

1 Écoutez et soulignez ce que vous entendez.

Exemple	*des Japonais*	*des Japonaises*
1	des Suédois	des Suédoises
2	des Danois	des Danoises
3	des Français	des Françaises
4	des Polonais	des Polonaises
5	des Libanais	des Libanaises

2 Verbe au singulier ou verbe au pluriel ? Écoutez et choisissez.

	Exemple	1	2	3	4	5
Singulier						
Pluriel	X					

3   **Répétez.**

1. *Masculin – Féminin* /z/   Un Français. – Une Française.
2. *Singulier – Pluriel* /z/   Je lis. – Elles lisent.

4   **Regardez les corrigés des exercices 1 et 2, puis répétez-les.**

5   Elle aussi !

Exemple : *A : Il est bien sérieux !*   *B : Elle aussi, elle est bien sérieuse !*

À vous !

1. A : Il est bien sérieux !   B : ....
2. A : Il est bien joyeux !   B : ....
3. A : Il est bien silencieux !   B : ....
4. A : Il est bien paresseux !   B : ....

6   Elle a un fort accent.

Exemple : *A : Elle est portugaise ?*   *B : Je crois. Elle a l'accent portugais !*

À vous !

1. A : Elle est portugaise ?   B : ....
2. A : Elle est suédoise ?   B : ....
3. A : Elle est japonaise ?   B : ....
4. A : Elle est chinoise ?   B : ....

7   Ah, l'amour !   **Répétez.**

1. Françoise est amoureuse de François,
2. mais François est amoureux de Denise…
3. Denise est amoureuse de Denis,
4. et Denis est amoureux de Françoise.
5. Quelle histoire !

> *Paris n'est pas tout gris,*
> *Orléans n'est pas grand,*
> *Bordeaux n'est pas très gros,*
> *Toulouse est la ville rose.*

Petit poème

25 Deux soeurs, Lisa et Louise.

(Les consonnes /s/ - /z/)

Observez les exemples

si

0

zéro

soeur *ils sont*	Lisa *ils _zont*
/s/	/z/

Il n'y a pas de vibration.	Il y a une vibration.
La consonne est sourde.	La consonne est sonore.
Les muscles sont plus tendus.	Les muscles sont moins tendus.

1 = ou ≠ ? Identique ou différent ? **Écoutez et choisissez.**

	Exemple	1	2	3	4	5
=						
≠	X					

2 /s/ ou /z/ : «ils sont» ou «ils ont» ? **Écoutez et choisissez.**

	Exemple	1	2	3	4	5
/s/ Ils sont						
/z/ Ils _z ont	X					

3   **Répétez.**

1. /s/   Di<u>x</u>. – <u>S</u>ept.

2. /z/   Dou<u>z</u>e. – <u>Z</u>éro.

3. /s/ - /z/   Elles sont douze.

4. /s/ - /z/   Elle a six ͜ ans.

4   **Regardez les corrigés des exercices 1 et 2, puis répétez-les.**

5   Parce que… **Répétez.**

1. Ils sont au restaurant. – Ils ͜ ont faim.

2. Ils sont au café. – Ils ont soif.

3. Ils sont chez le médecin. – Ils ont mal.

4. Ils sont près de la fenêtre. – Ils ont chaud.

5. Ils sont près du radiateur. – Ils ont froid.

6   Combien sont-ils ?

Exemple : *A : Ils sont quinze.*   *B : Ils sont bien quinze ?*

À vous !

1. A : Ils sont quinze.   B : …………………………..

2. A : Ils sont douze.   B : …………………………

3. A : Ils sont quatorze.   B : …………………………

4. A : Ils sont seize.   B : …………………………

7   Louise et Lisa. **Répétez.**

1. Voici Louise, voici sa sœur Lisa.

2. Louise a dix ͜ ans.

3. Lisa a six ͜ ans de plus que Louise.

4. Quel âge a Lisa ?

Mesdames, mesdemoiselles, mes yeux
Ont pleuré pour de beaux messieurs
Mesdames…, chanson, Serge Gainsbourg

26

Elle visite le Japon.
(Les consonnes /z/ - /ʒ/)

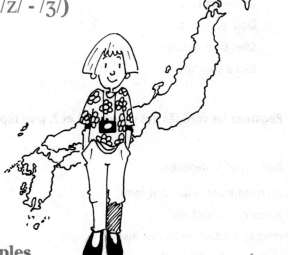

Observez les exemples

0

zéro

jardin

visite /z/	*Japon* /ʒ/
Les lèvres sont tirées. La langue est en bas.	Les lèvres sont arrondies. La langue est en haut.

1 = ou ≠ ? Identique ou différent ? **Écoutez et choisissez.**

	Exemple	1	2	3	4	5
=						
≠	X					

2 /z/ ou /ʒ/ ? **Écoutez et choisissez.**

	Exemple	1	2	3	4	5
/z/ zéro	X					
/ʒ/ jardin						

3   **Répétez.**

1. /z/   Elles lisent.

2. /ʒ/   Elles mangent.

3. /z/ - /ʒ/   Elles ₂ ont joué.

4. /ʒ/ - /z/   Elles mangent des ₂ olives.

4   **Regardez les corrigés des exercices 1 et 2, puis répétez-les.**

5   Vacances de neige. **Répétez.**

1. Ils ₂ aiment la neige.

2. Ils ₂ ont choisi Megève.

3. Ils ₂ ont fait leurs bagages.

4. Bon voyage !

6   Mes amis…

Exemple : *A : Tu les ₂ as vus ?*   *B : Je les ₂ ai vus.*

À vous !

1. A : Tu les as vus ?   B : ....

2. A : Tu les as rencontrés ?   B : ....

3. A : Tu les as invités ?   B : ....

4. A : Tu les as reçus ?   B : ....

7   Pardon ?

Exemple : *A : Ça commence par « G ».*   *B : Pardon, vous ₂ avez dit « G » ?*

À vous !

1. A : Ça commence par « G ».   B : ....

2. A : Ça commence par « J ».   B : ....

3. A : Ça commence par « Z ».   B : ....

Bizarre, j'ai dit bizarre ?
Comme c'est bizarre !
Drôle de drame, dialogue de film, Jacques Prévert

27 Appelle-l<u>es</u> ! Fais-l<u>e</u> !
(Les voyelles /ɛ/ - /ə/ = pluriel ou singulier)

Observez les exemples

pied

vendredi

les /ɛ/ **Pluriel** Les lèvres sont tirées.	*le* /ə/ **Singulier** Les lèvres sont arrondies.

1 = ou ≠ ? Identique ou différent ? Écoutez et choisissez.

	Exemple	1	2	3	4	5
=						
≠	X					

2 Écoutez et soulignez ce que vous entendez.

Exemple	*Le livre*	*Les livres*
1	Le stylo	Les stylos
2	Le crayon	Les crayons
3	Le cahier	Les cahiers
4	Le dossier	Les dossiers
5	Le classeur	Les classeurs

3 **Répétez.**

1. *Pluriel* /ɛ/ – *Singulier* /ə/   Fais-l<u>es</u>. – Fais-l<u>e</u>.
2. *Singulier* /ə/ – *Pluriel* /ɛ/   L<u>e</u> secrétaire. – L<u>es</u> secrétaires.

4 **Regardez les corrigés des exercices 1 et 2, puis répétez-les.**

5 Les sorties en ville. **Répétez le pluriel et le singulier.**

1. Les bars. – Le bar.
2. Les cafés. – Le café.
3. Les théâtres. – Le théâtre.
4. Les cinémas. – Le cinéma.
5. Les restaurants. – Le restaurant.

6 Quel travail !

Exemple : *A : Je lis ce livre ?*   *B : Pas c<u>e</u> livre ! C<u>es</u> livres !*
À vous !

1. A : Je lis ce livre ?   B : …………….……...………
2. A : Je fais ce devoir ?   B : …………….……...………
3. A : J'écris ce dossier ?   B : …………….……...………
4. A : J'étudie ce poème ?   B : …………….……...………

7 Qu'est-ce que j'achète ?

Exemples : *A : J'achète les croissants ?*   *B : Achète-les !*
              A : J'achète le journal ?   *B : Achète-le !*
À vous !

1. A : J'achète les croissants ?   B : …………….……...………
2. A : J'achète le journal ?   B : …………….……...………
3. A : J'achète le pain ?   B : …………….……...………
4. A : J'achète le magazine ?   B : …………….……...………
5. A : J'achète les fleurs ?   B : …………….……...………

> *Le café est dans les tasses*
> *Les cafés nettoient leurs glaces*
> *Il est cinq heures*, chanson, Jacques Dutronc

28

Il veut du thé, elles veulent une bière !

(Les voyelles /œ/ - /ɛ/)

Observez les exemples

2

deux

pied

veut veulent /œ/	thé bière /ɛ/
Les lèvres sont arrondies.	Les lèvres sont tirées.

---

1   = ou ≠ ? Identique ou différent ? **Écoutez et choisissez.**

	Exemple	1	2	3	4	5
=						
≠	X					

---

2   /œ/ ou /ɛ/ ? **Écoutez et choisissez.**

	Exemple	1	2	3	4	5
/œ/ deux	X					
/ɛ/ pied						

3 **Répétez.**

1. /Œ/ N<u>eu</u>f _v h<u>eu</u>res.

2. /E/ C<u>e</u>tte m<u>e</u>r.

3. /Œ/ - /E/ Deux pieds.

4. /E/ - /Œ/ Les _z œufs.

4 **Regardez les corrigés des exercices 1 et 2, puis répétez-les.**

5 **Faites vos jeux ! Répétez.**

1. Pierre, je veux jouer !

2. Où est ton jeu ?

3. Où sont les dés ?

4. Un seul ou deux ?

5. Albert, mauvais joueur !

6 **Quelle heure est-il ?**

Exemple : *A : Quelle heure est-il ?*   *B : Sept heures.*   *C : Il est sept heures.*

À vous !

1. A : Quelle heure est-il ?   B : Sept heures.   C : ....

2. A : Quelle heure est-il ?   B : Sept heures sept.   C : ....

3. A : Quelle heure est-il ?   B : Neuf heures deux.   C : ....

4. A : Quelle heure est-il ?   B : Neuf heures neuf.   C : ....

5. A : Quelle heure est-il ?   B : Deux heures.   C : ....

6. A : Quelle heure est-il ?   B : Deux heures deux.   C : ....

7 **Tu en veux ?**

Exemple : *A : Tu veux du café ?*   *B : Oh oui ! Du café, j'en veux.*

À vous !

1. A : Tu veux du café ?   B : ....

2. A : Tu veux du thé ?   B : ....

3. A : Tu veux du lait ?   B : ....

4. A : Tu veux du poulet ?   B : ....

5. A : Tu veux du sel ?   B : ....

6. A : Tu veux des pêches ?   B : ....

Et quand j'arriverai, je mettrai sur ta tombe
Un bouquet de houx vert et de bruyère en fleurs.
Demain, dès l'aube, poème, Victor Hugo

J'appellerais mon père, ma mère,
Mes frères et mes sœurs,
Ce serait le bonheur !
Si j'avais un marteau, chanson, Claude François

29 Deux beaux bols à fleurs.
(Les voyelles /Œ/ - /o/)

Observez les exemples

2

deux

dos

deux	*beau*
fleur	*bol*
/Œ/	/o/
La langue est en avant.	La langue est en arrière.
La voyelle est aiguë.	La voyelle est grave.

1 = ou ≠ ? Identique ou différent ? **Écoutez et choisissez.**

	Exemple	1	2	3	4	5
=						
≠	X					

2 /Œ/ ou /o/ ? **Écoutez et choisissez.**

	Exemple	1	2	3	4	5
/Œ/ deux	X					
/o/ dos						

3   **Répétez.**

1. /Œ/ - /o/   Deux bateaux.

2. /Œ/ - /o/   Un cœur d'or.

3. /o/ - /Œ/   Un bateau bleu.

4. /o/ - /Œ/   Un bol à fleurs.

4   **Regardez les corrigés des exercices 1 et 2, puis répétez-les.**

5   Trop de fautes !

Exemple : *A : J'ai fait deux fautes.*   *B : Deux ? C'est trop !*

À vous !

1. A : J'ai fait deux fautes.   B : ....

2. A : J'ai fait vingt-deux fautes. △   B : ....

3. A : J'ai fait trente-deux fautes.   B : ....

4. A : J'ai fait quarante-deux fautes.   B : ....

△ *vingt-deux : comme dans tous les composés de « vingt », le « t » est prononcé.*

6   Deux euros. **Répétez.**

1. A : Combien ça vaut ?   **2.** B : Ça vaut deux euros.

3. A : Combien d'euros veux-tu ?   **4.** B : Il m'en faut seulement deux.

7   Notre profession.

Exemple : *A : Vous êtes chauffeurs ?*   *B : Oui, nous sommes chauffeurs !*

À vous !

1. A : Vous êtes chauffeurs ?   B : ....

2. A : Vous êtes professeurs ?   B : ....

3. A : Vous êtes chômeurs ?   B : ....

Joli rossignol et fleur de pommier,
Si le neige tombe au mois de juillet,
Joli rossignol et fleur de pommier,
C'est que le soleil en janvier brillait,
Joli rossignol et fleur de pommier.

La fleur de pommier, poème, Robert Desnos

30 Il pleut toujours.
(Les voyelles /œ/ - /u/)

Observez les exemples

2
deux

12
douze

pleut /œ/ La langue est en avant. La voyelle est aiguë.	*toujours* /u/ La langue est très en arrière. La voyelle est grave.

1 = ou ≠ ? Identique ou différent ? **Écoutez et choisissez.**

	Exemple	1	2	3	4	5
=						
≠	X					

2 /œ/ ou /u/ ? **Écoutez et choisissez.**

	Exemple	1	2	3	4	5
/œ/ **deux**	X					
/u/ **douze**						

3   **Répétez.**

1. /Œ/   D<u>eu</u>x j<u>eu</u>x.
2. /u/   D<u>ou</u>ze b<u>ou</u>les.
3. /Œ/ - /u/   Deux boules.
4. /u/ - /Œ/   Douze jeux.

4   **Regardez les corrigés des exercices 1 et 2, puis répétez-les.**

5   C'est où, Toulouse ? **Répétez.**

1. A : Il pleut à Toulouse ?
2. B : À Toulouse, il pleut, il pleut, il pleut…
3. A : Il pleut tous les jours à Toulouse ?
4. B : À Toulouse, il pleut toujours.
5. A : Tu connais Toulouse ?
6. B : C'est où, Toulouse ?

6   Deux ou douze ?

Exemple : *A : Il arrive dans deux minutes !*   *B : Deux minutes ou douze ?*

À vous !

1. A : Il arrive dans deux minutes !   B : ....
2. A : Il est là dans deux s<u>e</u>condes ! △   B : ....
3. A : Il repart dans deux heures !   B : ....
4. A : Il est en vacances dans deux mois !   B : ....
5. A : Il est en r<u>e</u>traite dans deux ans !   B : ....

△ *Dans « seconde », le « c » se prononce /g/.*

7   Nous ?

Exemple : *A : Il veut vous rencontrer.*   *B : Nous ? Il veut… nous rencontrer ?*

À vous !

1. Il veut vous rencontrer.   B : ....
2. Il veut vous parler.   B : ....
3. Il veut vous consulter.   B : ....
4. Il veut vous féliciter.   B : ....

Il n'y a pas d'amour heureux
Mais c'est notre amour à tous deux.

Il n'y a pas d'amour heureux, poème, Louis Aragon

31 La tante Léa.

(La voyelle orale /A/ - la voyelle nasale /ã/)

Observez les exemples

sac

100

cent

	Léa /A/	*tante* /ã/
	Les lèvres sont tirées. La voyelle est orale.	La bouche est très ouverte. La voyelle est nasale.

1 = ou ≠ ? Identique ou différent ? **Écoutez et choisissez.**

	Exemple	1	2	3	4	5
=						
≠	X					

2 /A/ ou /ã/ ? **Écoutez et choisissez.**

	Exemple	1	2	3	4	5
/A/ sac						
/ã/ cent	X					

3 **Répétez.**

1. /ʌ/   M<u>a</u>d<u>a</u>me.

2. /ɑ̃/   <u>En</u> d<u>an</u>s<u>an</u>t.

3. /ʌ/ - /ɑ̃/   Avance !

4. /ɑ̃/ - /ʌ/   En marche.

4 **Regardez les corrigés des exercices 1 et 2, puis répétez-les.**

5 **Attends Léa !** **Répétez.**

1. Arrive en avance !

2. Entre dans la gare !

3. Prends ta carte orange !

4. Attends la tante Léa !

6 **Oui ou non ?** **Répétez.**

1. A : Du travail, il en a ?   **2.** B : Il n'en a pas.

3. A : Des vacances, il en avait ?   **4.** B : Il n'en avait pas.

5. A : Des bagages, il en aura ?   **6.** B : Il n'en aura pas.

7 **Quel âge a-t-elle ?**

Exemple : *A : Suzanne a douze ans.*   *B : Douze ans, Suzanne ?*

À vous !

1. A : Suzanne a douze ans.   B : ....

2. A : Sylviane a seize ans.   B : ....

3. A : Éliane a trente ans.   B : ....

4. A : Marianne a cent ans.   B : ....

Le temps s'en va, le temps s'en va, ma dame
Las, le temps, non, mais nous nous en allons.
Poème, Pierre de Ronsard

32 Ce manteau est long...
(Les voyelles nasales /ɑ̃/ - /õ/)

Observez les exemples

100
cent

11
onze

manteau /ɑ̃/	long /õ/
La bouche est très ouverte. Les muscles sont moins tendus.	La bouche est fermée. Les muscles sont plus tendus.

1 = ou ≠ ? Identique ou différent ? **Écoutez et choisissez.**

	Exemple	1	2	3	4	5
=						
≠	X					

2 /ɑ̃/ ou /õ/ ? **Écoutez et choisissez.**

	Exemple	1	2	3	4	5
/ɑ̃/ cent	X					
/õ/ onze						

3   **Répétez.**

1. /ɑ̃/ C<u>en</u>t tr<u>en</u>te. (130)

2. /õ/ <u>On</u>ze milli<u>on</u>s. (11 M)

3. /ɑ̃/ - /õ/ Cent onze. (111)

4. /õ/ - /ɑ̃/ Onze cents. (1 100)

4   **Regardez les corrigés des exercices 1 et 2, puis répétez-les.**

5   Notre programme. **Répétez.**

1. En septembre, nous travaillons.

2. En novembre, nous étudions.

3. En décembre, nous voyageons.

4. En janvier, nous nous r<u>e</u>posons.

6   Combien ? **Répétez.**

1. Il y a onze banques.

2. Il y a onze clients.

3. Il y a onze agences.

4. Il y a onze habitants.

7   Trop grand !

Exemple : *A: Il est comment mon blouson ?*   *B: Ton blouson ? Trop grand !*

À vous !

1. A : Il est comment mon blouson ?   B : ....

2. A : Il est comment mon pantalon ?   B : ....

3. A : Il est comment mon caleçon ?   B : ....

Sur le pont d'Avignon
L'on y danse, l'on y danse.
Sur le pont d'Avignon
L'on y danse tous en rond.
Sur le pont d'Avignon, chanson enfantine

33 Les grands magasins.
(Les voyelles nasales /ɑ̃/ - /ɛ̃/)

Observez les exemples

100
cent

15
quinze

grand	magasin
/ɑ̃/	/ɛ̃/
La voyelle est grave. La bouche est très ouverte.	La voyelle est aiguë. Les lèvres sont tirées.

1 = ou ≠ ? Identique ou différent ? **Écoutez et choisissez.**

	Exemple	1	2	3	4	5
=						
≠	X					

2 /ɑ̃/ ou /ɛ̃/ ? **Écoutez et choisissez.**

	Exemple	1	2	3	4	5
/ɑ̃/ cent	X					
/ɛ̃/ quinze						

3 **Répétez.**

1. /ɑ̃/ - /ɑ̃/   Cent. (100) - Trente. (30)

2. /ɛ̃/ - /ɛ̃/   Quinze. (15) - Cinq. (5)

3. /ɑ̃/ - /ɛ̃/   Cent quinze. (115)

4. /ɛ̃/ - /ɑ̃/   Cinq cents. (500) △

△ *À l'intérieur des nombres, le « q » de « cinq » n'est pas prononcé.*

4 **Regardez les corrigés des exercices 1 et 2, puis répétez-les.**

5 **Quand vient-il? Répétez.**

1. Il vient le deux septembre.

2. Il vient le trois décembre.

3. Il vient le sept novembre.

4. Il vient le premier janvier.

6 **Ta sœur. Répétez.**

1. A: Ta sœur, elle est comment?

2. B: Elle est grande et mince.

3. A: Comment encore?

4. B: Elle est gentille et simple.

5. A: Et encore comment?

6. B: Elle est élégante et intelligente.

7. A: Elle est vraiment bien!

7 **Il est très grand!**

Exemple: *A: Il est grand, Julien?*   *B: Julien? Il est très grand!*

À vous!

1. A: Il est grand, Julien?   B: ....

2. A: Il est grand, Alain?   B: ....

3. A: Il est grand, Germain?   B: ....

4. A: Il est grand, Fabien?   B: ....

J'en ai vu un avec un chien (…)
J'en ai vu un qui pleurait
J'en ai vu un qui entrait dans une église
J'en ai vu un autre qui en sortait (…)
J'en ai vu plusieurs, poème, Jacques Prévert

34 Quelle grosse mouche !

(Les voyelles /O/ - /u/)

Observez les exemples

dos

12

douze

grosse /O/	*mouche* /u/
Les muscles sont moins tendus.	Les muscles sont plus tendus.

---

1 = ou ≠ ? Identique ou différent ? **Écoutez et choisissez.**

	Exemple	1	2	3	4	5
=						
≠	X					

2 /O/ ou /u/ ? **Écoutez et choisissez.**

	Exemple	1	2	3	4	5
/O/ dos						
/u/ douze	X					

3 **Répétez.**

1. /O/   Tr<u>o</u>p de ch<u>o</u>ses.
2. /u/   T<u>ou</u>s les c<u>ou</u>rs.
3. /O/ - /u/   Trop de cours.
4. /u/ - /O/   Toutes les choses.

4 **Regardez les corrigés des exercices 1 et 2, puis répétez-les.**

5 **Toujours à gauche !** **Répétez.**

1. A : Ne roule pas à gauche !   **2.** B : Pourquoi, je roule à gauche ?
3. A : Tu roules à gauche, toujours !
4. A : En France, on ne <u>roule</u> pas à gauche…
5. A : On <u>double</u> à gauche !

6 **Rendez-vous !**

Exemple : *A : Rendez-vous au bureau.*   *B : Où ? Au bureau ?*
À vous !

1. A : Rendez-vous au bureau.   B : …………………...……….
2. A : Rendez-vous au studio.   B : …………………...……….
3. A : Rendez-vous au métro.   B : …………………...……….
4. A : Rendez-vous au château.   B : …………………...……….

7 **Il faut !**

Exemple : *A : Dépêchez-vous !*   *B : Il faut nous dépêcher !*
À vous !

1. A : Dépêchez-vous !   B : …………………...……….
2. A : Préparez-vous !   B : …………………...……….
3. A : Installez-vous !   B : …………………...……….
4. A : Arrêtez-vous !   B : …………………...……….
5. A : Organisez-vous !   B : …………………...……….

Un jour
Il y aura autre chose que le jour.
Un jour, poème, Boris Vian

35 Nous v**ou**s, **ou**i !

(La voyelle /u/ - les syllabes /wa/ et /wi/)

Observez les exemples

12
douze

3
trois

nous /u/	*voilà* - *oui* /wa/ - /wi/ 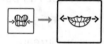
Les lèvres sont arrondies. La position est statique.	Les lèvres passent d'arrondies à tirées. Le mouvement est dynamique.

1   = ou ≠ ? Identique ou différent ? **Écoutez et choisissez.**

	Exemple	1	2	3	4	5
=	X					
≠						

2   Indiquez le nombre de syllabes.

	1 syllabe	2 syllabes	3 syllabes	4 syllabes
Exemple			X	
1				
2				
3				
4				
5				

E X E R C I C E S

3   **Répétez.**

1. /u/   Douze jours.

2. /wa/   Trois mois.

3. /u/ - /wa/   Douze mois.

4. /wa/ - /u/   Trois jours.

4   **Regardez les corrigés des exercices 1 et 2, puis répétez-les.**

5   **Pourquoi ? Répétez.**

1. Pourquoi ce soir ?

2. Pourquoi demain soir ?

3. Pourquoi samedi soir ?

4. Ah oui ! Pourquoi ?

6   **Bonjour, bonsoir ! Répétez.**

1. A : Bonjour, c'est Louis.   **2.** B : Ah, Louis ! Vous voilà !

3. A : Bonjour, c'est Louise.   **4.** B : Ah, Louise ! Vous voilà !

5. A : Bonsoir, c'est Jean-Louis.   **6.** B : Ah, Jean-Louis ! Vous voilà !

7. A : Bonsoir, c'est Marie-Louise.   **8.** B : Ah, Marie-Louise ! Vous voilà !

7   **Pour moi ?**

Exemple : *A : Tu l'as fait pour moi ?*   *B : Oui, je l'ai fait pour toi.*

À vous !

1. A : Tu l'as fait pour moi ?   B : ....

2. A : Tu l'as dit pour moi ?   B : ....

3. A : Tu l'as lu pour moi ?   B : ....

4. A : Tu l'as pris pour moi ?   B : ....

> *Et la mémoire*
> *Comment est-elle faite la mémoire*
> *De quoi a-t-elle l'air*
> *De quoi aura-t-elle l'air plus tard (…)*
> *La pluie et le beau temps*, poème, Jacques Prévert

36 Le boulanger et la boulangère.
(Absence ou présence de la consonne /R/ finale)

Observez les exemples

-r̶ *non prononcé*

terre

On ne prononce pas le « -r » à la fin des mots :	« re » se prononce /R/ :
boulanger (masculin),	*boulangère* (féminin).
chanter (infinitif des verbes en « -er »).	« ir » et « ire » se prononcent /iR/ : *finir*, *dire*

La langue reste en bas,
la pointe contre les dents.

---

1   Présent ou infinitif ? **Écoutez et choisissez.**

	Exemple	1	2	3	4	5
Présent *finit*						
Infinitif *finir*	X					

2   Écoutez et soulignez ce que vous entendez. **Écoutez et choisissez.**

Exemple	*premier* (masculin)	<u>*première*</u> (féminin)
1	poissonnier	poissonnière
2	charcutier	charcutière
3	boulanger	boulangère
4	pâtissier	pâtissière
5	teinturier	teinturière

3 **Répétez.**

1. Il veut les dire.   3. Il sait les lire.

2. Il peut les faire.   4. Il doit les voir.

4 **Regardez les corrigés des exercices 1 et 2, puis répétez-les.**

5 La famille. **Répétez.**

1. C'est ma mère.   4. C'est mon frère.

2. C'est ton père.   5. C'est ton grand-père.

3. C'est sa belle-mère.   6. C'est leur sœur.

6 Au restaurant. **Répétez.**

1. Monsieur, il faut téléphoner et retenir.

2. Monsieur, il faut regarder et choisir.

3. Monsieur, il faut commander et boire.

4. Monsieur, il faut goûter et servir.

5. Monsieur, il faut payer et partir.

7 Son avenir ?

Exemple : *A: Elle veut devenir boulangère.*   *B: Et lui, il veut devenir boulanger ?*

À vous !

1. A: Elle veut devenir boulangère.   B : ....

2. A: Elle veut devenir pâtissière.   B : ....

3. A: Elle veut devenir bouchère.   B : ....

4. A: Elle veut devenir poissonnière.   B : ....

5. A: Elle veut devenir charcutière.   B : ....

Le désert, c'est ce qui ne finit pas de finir.
L'océan, c'est ce qui ne finit pas de finir.
Où est la fin, disais-tu.

L'arrière-livre, poème, Edmond Jabès

37 L'autoca<u>r</u> va pa<u>r</u>ti<u>r</u>.
(La prononciation de la consonne /R/ en fin de syllabe)

Observez les exemples

terre

---

l'autocar
partir

La langue reste en bas, la pointe contre les dents.

---

1   = ou ≠ ? Identique ou différent ? **Écoutez et choisissez.**

	Exemple	1	2	3	4	5
=						
≠	X					

2   On entend /R/ ou on n'entend pas /R/ ? **Écoutez et choisissez.**

	Exemple	1	2	3	4	5
On entend /R/						
On n'entend pas /R/	X					

3 **Répétez.**

1. Bonjou<u>r</u> !

2. Bonsoi<u>r</u> !

3. Au <u>r</u>evoi<u>r</u> !

4 **Regardez les corrigés des exercices 1 et 2, puis répétez-les.**

5 Ce soir ou demain soir ?

Exemple : *A : On sort ce soir ?*   *B : On sort demain soir.*

À vous !

1. A : On sort ce soir ?   B : ....

2. A : On part ce soir ?   B : ....

3. A : Ça ferme ce soir ?   B : ....

6 Ils sont partis… **Répétez.**

1. Voilà leur jardin.

2. C'est leur porte.

3. Leur porte est fermée !

4. Ils sont partis…

7 L'heure. **Répétez.**

1. A : Pardon, Monsieur…

2. A : Vous avez l'heure ?   **3.** B : Il est quatorze heures.

4. A : Vous voulez dire deux heures ?   **5.** B : Oui, quatorze heures, c'est deux heures.

6. A : Merci, Monsieur !

Ce soir, au bar de la gare,
Igor, hagard, est noir,
Il n'arrête guère de boire.
Ta Katie t'as quitté, chanson, Bobby Lapointe

38 Le bord du bol est cassé.
(Les consonnes /R/ - /l/)

Observez les exemples

terre

ciel

bord	*bol*
/R/	/l/
La langue est en bas,	La langue est en haut,
la pointe contre les dents d'en bas.	la pointe contre les dents d'en haut.

1   = ou ≠? Identique ou différent? **Écoutez et choisissez.**

	Exemple	1	2	3	4	5
=						
≠	X					

2   /l/ ou /R/? **Écoutez et choisissez.**

	Exemple	1	2	3	4	5
/R/ terre						
/l/ ciel	X					

E X E R C I C E S

3   **Répétez.**

1. /ʀ/   Vé<u>r</u>one.

2. /l/   <u>L</u>'Ita<u>l</u>ie.

3. /ʀ/ - /l/   Tu<u>r</u>in et Mi<u>l</u>an.

4. /l/ - /ʀ/   Voi<u>l</u>à <u>R</u>ome.

4   **Regardez les corrigés des exercices 1 et 2, puis répétez-les.**

5   **Il est parti pour...**

Exemple : *A : Il le voit ?*   *B : Il est parti pour le voir.*

À vous !

1. A : Il le voit ?   B : ....

2. A : Il le fait ?   B : ....

3. A : Il le finit ?   B : ....

4. A : Il le choisit ?   B : ....

6   **Où habite-t-il ?**

Exemple : *A : Il habite près de la gare ?*   *B : Il habite rue de la Gare.*

À vous !

1. A : Il habite près de la gare ?   B : ....

2. A : Il habite près de la mer ?   B : ....

3. A : Il habite près du port ?   B : ....

4. A : Il habite près du marché ?   B : ....

7   **Frères et sœurs.**   **Répétez.**

1. Robert est le frère d'Isabelle.

2. Isabelle est la sœur de Robert.

3. Roland est le père d'Isabelle et de Robert.

> *Ma liberté*
> *Longtemps je t'ai gardée*
> *Comme une perle rare (...)*
> *Ma liberté*, chanson, Georges Moustaki

Document complémentaire n° 2

Exercice de lecture

Madame Laluy fait visiter son grand jardin à Philippe, son nouveau locataire. Ils rencontrent Véronique, l'autre locataire de Madame Laluy…

M<small>ME</small> L. : Alors? Vous aimez mon jardin?

P<small>HILIPPE</small> : Oh! oui. *[Il respire]* C'est merveilleux! Ces arbres, ces fleurs, ces papillons…

M<small>ME</small> L. : Vous sentez l'air pur?

P<small>HILIPPE</small> : Ah! oui… il est excellent!

M<small>ME</small> L. : Nous déjeunons ici…

P<small>HILIPPE</small> : Charmant!

M<small>ME</small> L. : Tous les fruits, tous les légumes, tous les œufs et tous les poulets que nous mangeons viennent du jardin. Et là,…

P<small>HILIPPE</small> : Oh, il y a quelqu'un!

M<small>ME</small> L. : Pardon?

P<small>HILIPPE</small> : Là-bas, il y a… quelqu'un.

M<small>ME</small> L. : Ah oui! C'est notre petite locataire, elle lit souvent ici. Mais venez! je vais vous la présenter.

P<small>HILIPPE</small> : Non, attendez!… Pas maintenant… Vous nous présenterez au dîner.

M<small>ME</small> L. : Comme vous voulez, Monsieur Gaveau. Je ne veux pas… Ah! c'est trop tard, elle nous regarde.
[À Véronique] Bonjour Mademoiselle!

V<small>ÉRONIQUE</small> : Bonjour, Madame Laluy!

M<small>ME</small> L. : *[à Philippe]* Je vais vous présenter. Vous allez voir, elle est charmante.
[À Véronique] Voici notre nouveau locataire. Alors… est-ce qu'on présente le monsieur d'abord et la jeune fille après ou le contraire, je ne sais jamais! Bref! Monsieur Philippe Gaveau de Paris, Mademoiselle Véronique Nollet de Toulouse.

P<small>HILIPPE</small> : Mademoiselle.

V<small>ÉRONIQUE</small> : Monsieur.

P<small>HILIPPE</small> : Je suis désolé de vous déranger. Vous lisez…

V<small>ÉRONIQUE</small> : Oh non non, pas du tout. Ça ne fait rien.

M<small>ME</small> L. : Oh là là! Sept heures? Excusez-moi. Je vous laisse. *[En chantant.]* À tout à l'heure…

P<small>HILIPPE</small> : À tout à l'heure… *[À lui-même]* Zut! Elle est partie.
[Long silence. Il tousse. À Véronique] Madame Laluy est gentille…

V<small>ÉRONIQUE</small> : Oui.

P<small>HILIPPE</small> : Monsieur Laluy est gentil aussi.

V<small>ÉRONIQUE</small> : Oui.

P<small>HILIPPE</small> : Ils sont vraiment gentils, tous les deux.

V<small>ÉRONIQUE</small> : Oui, oui.

P<small>HILIPPE</small> : Le parc est très beau.

V<small>ÉRONIQUE</small> : Oh oui!

D'après *Les Maîtres du Mystère : Tendres aveux* de Fred KASSAK,
INA, 1<small>re</small> diffusion le 20/06/1972 sur France Inter (ORTF).

TROISIÈME PARTIE

Les principales difficultés du français

La tension

Vous pouvez encore étudier la tension dans la deuxième partie (leçons 21, 25, 32 et 34).

La sonorité

Vous pouvez encore étudier la sonorité dans la deuxième partie (leçons 24 et 25).

La labialité

Vous pouvez encore étudier la labialité dans la deuxième partie (leçons 19, 26, 27 et 28).

L'acuité

Vous pouvez encore étudier l'acuité dans la deuxième partie (leçons 20, 29, 30 et 33).

Autres difficultés

Vous pouvez encore étudier ce thème dans la deuxième partie (leçons 22 et 35).

Vous pouvez encore étudier ce thème dans la deuxième partie (leçons 23 et 31).

Vous pouvez encore étudier ce thème dans la première partie (leçons 1 à 11).

39

– Un jeu ? – Pas de jeu !
– Une chanson ? – Pas de chanson !

(La tension : les consonnes /ʒ/-/dʒ/ et /ʃ/-/tʃ/)

Observez les exemples

C'est… Jean ?   Mais John, c'est mon jean !
C'est à Jacqueline ?   C'est le cahier de Jacqueline.
Du chocolat ?   Pas de chocolat !

jardin, *chat* /ʒ/ - /ʃ/ Une consonne continue, sans explosion au début.	*jazz*, *tchatcher** /dʒ/ - /tʃ/ Deux consonnes (une momentanée et une continue) avec explosion au début.

* familier pour « parler »

---

1   = ou ≠ ? Identique ou différent ? **Écoutez et choisissez.**

/ʒ/-/dʒ/	Exemple	1	2	3	4	5
=						
≠	X					

2   = ou ≠ ? Identique ou différent ? **Écoutez et choisissez.**

/t/-/tʃ/	Exemple	1	2	3	4	5
=						
≠	X					

3 **Répétez.**

1. /ʒ/   <u>J</u>'arrive !

2. /ʃ/   <u>Ch</u>erche !

3. /ʒ/-/tʃ/   <u>J</u>e te <u>ch</u>erche !

4. /ʃ/-/dʒ/   <u>Ch</u>arles n'a pas de <u>j</u>ouets ?

5. /ʒ/-/dʒ/   Il <u>j</u>oue du <u>j</u>azz.

6. /ʃ/-/tʃ/   <u>Ch</u>arles n'a pas de <u>ch</u>ance !

4 **Écoutez une deuxième fois les exemples de la page de gauche, puis répétez-les. Regardez les corrigés des exercices 1 et 2 puis répétez-les.**

5   **Encore ? Répétez.**

/dʒ/-/tʃ/

1. A : Beaucoup de jardins…

3. A : Beaucoup de jasmins…

5. A : Beaucoup de charme…

7. A : Beaucoup de chance…

/ʒ/-/ʃ/

2. B : Quels jardins !

4. B : Quels jasmins !

6. B : Quel charme !

8. B : Quelle chance !

6   **Elle ne mange rien ! Transformez.**

Exemple : *A: Elle boit du jus d'orange ?*   *B : Du jus d'orange ? Oh non, jamais de jus d'orange !*

À vous !

1. A : Elle boit du jus d'orange ?   B : ....

2. A : Elle mange du jambon ?   B : ....

3. A : Elle mange du gigot d'agneau ?   B : ....

4. A : Elle boit du champagne ?   B : ....

5. A : Elle mange du chocolat ?   B : ....

Voir aussi les leçons 26 et 44.

On ne dit pas en français dzéro, ni dzut, ni dzigdzag.
Disparu au XIIIᵉ siècle, (…), le son /dz/ n'a survécu qu'en Zeus.
Le désordre des langages, essai, Jacques Rebotier

40 Ici, descendez !

(La tension : les voyelles /i/ - /E/)

Observez les exemples

6

six

pied

ici /i/	*descendez* /e/
Les muscles sont très tendus. La bouche très fermée. La langue est très en bas.	Les muscles sont moins tendus. La bouche est moins fermée. La langue est moins en bas.

1 /i/ ou /E/ - il ou elle ? **Écoutez et choisissez.**

	Exemple	1	2	3	4	5
/i/ il	X					
/E/ elle						

2 /i/ ou /E/ - dix ou des ? **Écoutez et choisissez.**

	Exemple	1	2	3	4	5
/i/ dix	X					
/E/ des						

3   **Répétez.**

1. /i/   Il r<u>i</u>t.

2. /E/   <u>E</u>lle r<u>ê</u>ve.

3. /i/ - /E/   Il rêve.

4. /E/ - /i/   Elle rit.

4   **Regardez les corrigés des exercices 1 et 2, puis répétez-les.**

5   Je veux savoir. **Répétez.**

1. Qu'est-ce qu'il dit ?

2. Qu'est-ce qu'il lit ?

3. Qu'est-ce qu'elle disait ?

4. Qu'est-ce qu'elle lisait ?

6   J'aime voyager ! **Répétez.**

1. J'ai visité ces six pays.

2. J'ai visité ces six villes.

3. J'ai visité ces six îles.

7   **Moi aussi.**

Exemple : *A : J'ai réfléchi aux vacances.*   *B : J'y ai réfléchi aussi.*

À vous !

1. A : J'ai réfléchi aux vacances.   B : ....

2. A : J'ai pensé aux bagages.   B : ....

3. A : J'ai atterri à Orly.   B : ....

4. A : J'ai déjeuné à la cafétéria.   B : ....

Y'avait dix filles dans un pré
Toutes les dix à marier (. . .)
Le fils du roi vint à passer, (. . .)
Toutes les dix a saluées.

Chanson ancienne

41 Le jardin et la maison sont beaux.

(La tension : les voyelles /ə/-/A/ = masculin ou féminin)

Observez les exemples

vendredi

sac

le /ə/ Masculin	*la* /A/ Féminin
Les muscles sont tendus. Les lèvres sont arrondies.	Les muscles sont moins tendus. Les lèvres sont tirées.

1 = ou ≠ ? Identique ou différent ? **Écoutez et choisissez.**

	Exemple	1	2	3	4	5
=						
≠	X					

2 Masculin ou féminin ? **Écoutez et soulignez ce que vous entendez.**

Exemple	Chez le libraire	<u>Chez la libraire</u>
1	Chez le dentiste	Chez la dentiste
2	Chez le géographe	Chez la géographe
3	Chez le fleuriste	Chez la fleuriste
4	Chez le psychologue	Chez la psychologue
5	Chez le secrétaire	Chez la secrétaire

E X E R C I C E S

3 **Répétez.**

1. /ə/ L<u>e</u> s<u>e</u>cret.

2. /A/ L<u>a</u> s<u>a</u>lle.

3. /ə/ - /A/ Repasse !

4. /A/ - /ə/ Passe-le !

4 **Regardez les corrigés des exercices 1 et 2, puis répétez-les.**

5 **La leçon, le livre. Répétez le féminin et le masculin.**

1. C'est la plus facile. – C'est l<u>e</u> plus facile.

2. C'est la plus simple. – C'est l<u>e</u> plus simple.

3. C'est la plus complexe. – C'est l<u>e</u> plus complexe.

4. C'est la plus difficile. – C'est l<u>e</u> plus difficile.

6 **Qu'est-ce que je répare ?**

Exemples : *A: Je répare le magnétoscope ?* *B: Répare-l<u>e</u> !*
  A: Je répare la radio ? *B: Répare-la !*

1. A : Je répare le magnétoscope ? B : ....

2. A : Je répare la radio ? B : ....

3. A : Je répare la télé ? B : ....

4. A : Je répare le réveil ? B : ....

5. A : Je répare le téléphone ? B : ....

7 **À l'aide !**

Exemples : *A: Appelle le dentiste !* *B: Je n<u>e</u> l<u>e</u> connais pas.*
  A: Appelle la dentiste ! *B: Je n<u>e</u> la connais pas.*

1. A : Appelle le dentiste ! B : ....

2. A : Appelle le libraire ! B : ....

3. A : Appelle la paysagiste ! B : ....

4. A : Appelle la prof ! B : ....

5. A : Appelle le géologue ! B : ....

Là-haut sur le Mont Blanc
L'edelweiss y fleurit
J'y vois toute la terre
Et la France et Paris.

L'edelweiss, poème, Robert Desnos

42 Je veux du sucre.
(La tension : les voyelles /Œ/-/y/)

Observez les exemples

2

deux

lune

je veux /Œ/	du sucre /y/
Les muscles sont moins tendus. La bouche est moins fermée. La langue est très bas.	Les muscles sont très tendus. La bouche est très fermée. La langue est moins bas.

1 = ou ≠ ? Identique ou différent ? **Écoutez et choisissez.**

	Exemple	1	2	3	4	5
=						
≠	X					

2 /Œ/ ou /y/ ? **Écoutez et choisissez.**

		Exemple	1	2	3	4	5
/Œ/	deux						
/y/	lune	X					

E X E R C I C E S

3   **Répétez.**

1. /Œ/ <u>Je</u> <u>le</u> <u>veux</u> !

2. /y/ <u>Tu</u> es s<u>û</u>r ?

3. /Œ/ - /y/ Te mesures-tu ?

4. /y/ - /Œ/ Tu te mesures ?

4   **Regardez les corrigés des exercices 1 et 2, puis répétez-les.**

5   Un café comment ? **Répétez.**

1. Veux-tu du café ?

2. Veux-tu du sucre ?

3. Tu veux d<u>e</u> la crème ?

4. Du lait ?

5. Tu veux d<u>e</u> l'eau ?

6   Une seule ! **Répétez.**

1. A : Une ou deux glaces ?

2. B : Une seule glace !

3. A : Une ou deux tartes ?

4. B : Une seule tarte !

5. A : Une ou deux baguettes ?

6. B : Une seule baguette !

7. A : Une ou deux pizzas ?

8. B : Deux, pas une !

7   Qu'est-ce que tu veux ?

Exemples : *A : Voilà du poulet. Tu veux une aile ?*   *B : S'il te plaît, une aile de poulet.*

1. A : Voilà du poulet. Tu veux une aile ?   B : ....

2. A : Voilà du fromage. Tu veux une assiette ?   B : ....

3. A : Voilà du gâteau. Tu veux une part ?   B : ....

4. A : Voilà du champagne. Tu veux une coupe ?   B : ....

5. A : Voilà du café. Tu veux une tasse ?   B : ....

Voir aussi leçon 21.

Ici, on jouit du clapotis
Du bord de mer (. . .)
Du premier jet, j'ai tout gardé
(. . .) Le léger, le corsé.
J'écume, chanson, Alain Bashung

43 C'est l<u>on</u>g d'att<u>en</u>dre !

(La tension : les voyelles /õ/ - /ã/)

Observez les exemples

11
onze

100
cent

long /õ/	*att<u>en</u>dre* /ã/
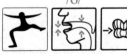	
Les muscles sont très tendus.	Les muscles sont moins tendus.
La bouche est fermée.	La bouche est très ouverte.
Les lèvres sont très arrondies.	Les lèvres ne sont pas arrondies.

1 = ou ≠ ? Identique ou différent ? **Écoutez et choisissez.**

	Exemple	1	2	3	4	5
=						
≠	X					

2 /õ/ ou /ã/ ? **Écoutez et choisissez.**

		Exemple	1	2	3	4	5
/õ/	onze						
/ã/	cent	X					

3 **Répétez.**

1. /õ/ M**on** **on**cle.

2. /ã/ Ma t**an**te.

3. /ã/ Ma gr**an**d-tante.

4. /õ/ - /ã/ - /õ/ M**on** gr**an**d-**on**cle. ▵

▵ « d » en liaison est prononcé /t/

4 **Regardez les corrigés des exercices 1 et 2, puis répétez-les.**

5 **Ils sont en voyage ! Répétez.**

1. Mes parents vont en Europe.

2. Mes parents vont en Océanie.

3. Mes parents vont en Asie.

4. Mes parents vont en Amérique.

6 **Ils sortent beaucoup !**

Exemple : *A : Ils vont au théâtre ?*   *B : Ils vont souvent au théâtre.*

1. A : Ils vont au théâtre ?   B : ....

2. A : Ils vont au cinéma ?   B : ....

3. A : Ils vont au musée ?   B : ....

4. A : Ils vont au restaurant ?   B : ....

7 **À la poste.**

Exemple : *A : On colle beaucoup d'enveloppes ?*   *B : On en colle cent.*

1. A : On colle beaucoup d'enveloppes ?   B : ....

2. A : On met beaucoup de timbres ?   B : ....

3. A : On prépare beaucoup de paquets ?   B : ....

4. A : On poste beaucoup de lettres ?   B : ....

Voir aussi leçon 32.

Chantons, pour passer le temps,
Les amours jolies d'une belle fille ;
Chantons pour passer le temps,
Les amours jolies d'une fille de quinze ans.

Chanson populaire

44 <u>S</u>es <u>z</u> en<u>f</u>ants <u>v</u>iennent <u>ch</u>aque <u>j</u>eudi.

(La sonorité : les consonnes constrictives /f/ - /v/, /s/ - /z/, /ʃ/ - /ʒ/)

Observez les exemples

        0

| fille | si | chat | verre | zéro | jardin |

---

en<u>f</u>ants – <u>s</u>es – <u>ch</u>aque	<u>v</u>iennent – ses <u>z</u> enfants – <u>j</u>eudi
/f/ /s/ /ʃ/	/v/ /z/ /ʒ/
Les muscles sont très tendus.	Les muscles sont moins tendus.
Il n'y a pas de vibration.	Il y a une vibration.
Les consonnes sont sourdes.	Les consonnes sont sonores.

Toutes ces consonnes sont continues.

---

1 = ou ≠ ? Identique ou différent ? **Écoutez et choisissez.**

	Exemple	1	2	3	4	5
=						
≠	X					

2 **Écoutez et soulignez ce que vous entendez.**

Exemple	*Ils s'arrêtent*	<u>*Ils arrêtent*</u>
1	Ils s'amusent	Ils amusent
2	Ils s'ignorent	Ils ignorent
3	Ils s'observent	Ils observent
4	Ils s'interrogent	Ils interrogent
5	Ils s'expliquent	Ils expliquent

3   **Répétez.**

1. /f/ - /v/   Ils s'en <u>f</u>ont. – Ils y <u>v</u>ont.

2. /s/ - /z/   Ils <u>s</u>ont très grands. – Ils <u>z</u>ont grandi.

3. /ʃ/ - /ʒ/   Tes <u>ch</u>ants. – Des <u>g</u>ens.

4   **Regardez les corrigés des exercices 1 et 2, puis répétez-les.**

5   Quand ? Où ? Qui ? **Répétez**   /s/ - /z/

1. Ils s'arrêtent. – Ils <u>z</u> arrêtent à midi.

2. Ils s'attendent. – Ils <u>z</u> attendent à la gare.

3. Ils s'amusent. – Ils <u>z</u> amusent les enfants.

6   C'est fini ! **Répétez**   /f/ - /v/

1. Tu l'as fait hier. – Tu l'avais hier.

2. Tu l'as fait avant-hier. – Tu l'avais avant-hier.

3. Tu l'as fait ce matin. – Tu l'avais ce matin.

4. Tu l'as fait dimanche. – Tu l'avais dimanche.

7   D'accord !   /ʒ/ - /ʃ/

Exemple : *A: Cherche !*   *B: Je cherche !*

À vous !

1. A : Cherche !   B : ....

2. A : Chante !   B : ....

3. A : Choisis !   B : ....

4. A : Change !   B : ....

Voir aussi leçon 25.

Des visages, des figures
Dévisagent, défigurent
Les cerisiers sont blancs,   *Des figurants à effacer*
Les oiseaux sont contents.   *Des faces A, des faces B*

Les cerisiers sont blancs,   *Des visages, des figures,*
chanson, Gilbert Bécaud   chanson, Noir Désir

45 Le <u>t</u>rain <u>d</u>u <u>q</u>uai à gauche <u>p</u>art <u>b</u>ientôt.

(La sonorité : les consonnes occlusives /p/ - /b/, /t/ - /d/, /k/ - /g/)

Observez les exemples

<u>p</u>ont	<u>t</u>oit	<u>c</u>ar	<u>b</u>us	<u>d</u>oigt	<u>g</u>are

<u>p</u>art – <u>t</u>rain – <u>q</u>uai /p/ /t/ /k/	*<u>b</u>ientôt – <u>d</u>u – <u>g</u>auche* /b/ /d/ /g/
Les muscles sont très tendus. Il n'y a pas de vibration. Les consonnes sont sourdes.	Les muscles sont moins tendus. Il y a une vibration. Les consonnes sont sonores.

Toutes ces consonnes sont momentanées.

---

1 /t/ ou /d/ - « tes » ou « des » ? **Écoutez et soulignez ce que vous entendez.**

Exemple	*J'écris à tes amis*	*J'écris à des amis*
1	J'écris à tes enfants	J'écris à des enfants
2	J'écris à tes copains	J'écris à des copains
3	J'écris à tes camarades	J'écris à des camarades
4	J'écris à tes collègues	J'écris à des collègues
5	J'écris à tes parents	J'écris à des parents

2 /p/ ou /b/ ? **Écoutez et choisissez.**

	Exemple	1	2	3	4	5
/p/ pont						
/b/ bus	X					

3 **Répétez.**

1. /p/ - /b/   Donne-lui à <u>b</u>oire. – Donne-lui une <u>p</u>oire.

2. /t/ - /d/   C'est <u>t</u>out ? – C'est <u>d</u>oux ?

3. /k/ - /g/   À tous les <u>c</u>oups ! – Pour tous les <u>g</u>oûts !

4. /k//d/ - /g//t/   C'est un <u>cad</u>eau. – C'est un <u>gât</u>eau.

4 **Regardez les corrigés des exercices 1 et 2, puis répétez-les.**

5 Activités sportives. **Répétez.**

1. Il y a combien de golfs ?

2. Il y a combien de tennis ?

3. Il y a combien de bowlings ?

4. Il y a combien de patinoires ?

6 Vous êtes du quartier ? **Répétez.**

1. A : Excusez-moi, où est la gare ?

2. B : Tournez à gauche au carrefour.

3. B : Puis toujours tout droit.

4. B : Prenez la troisième à droite.

5. B : Juste après la bibliothèque.

7 Je t'ai dit trois !

Exemple : *A : Tu veux deux timbres ?*   *B : Je t'ai dit <u>trois</u> timbres.*

À vous !

1. A : Tu veux deux timbres ?   B : ....

2. A : Tu veux deux boîtes ?   B : ....

3. A : Tu veux deux paquets ?   B : ....

4. A : Tu veux deux cartes postales ?   B : ....

Je pense que si j'étais un beau prince,
je n'aurais pas besoin de parler autant pour te séduire.

Les amnésiques n'ont rien vécu d'inoubliable, Hervé Le Tellier

46 Je cherche Suzanne et Joseph !
(La labialité : les consonnes /ʒ/ - /z/ et /ʃ/ - /s/)

Observez les exemples

jardin

chat

zéro

salade

je cherche /ʒ/ /ʃ/	*Suzanne* /z/ /s/
Les lèvres sont arrondies. La pointe de la langue en haut.	Les lèvres sont étirées. La pointe de la langue est en bas.

1 = ou ≠ ? Identique ou différent ? **Écoutez et choisissez.**

/ʒ/ /z/	Exemple	1	2	3	4	5
=						
≠	X					

2 = ou ≠ ? Identique ou différent ? **Écoutez et choisissez.**

/ʃ/ /s/	Exemple	1	2	3	4	5
=						
≠	X					

3 **Répétez.**

1. /ʒ/ Allez, joue !

2. /z/ Allez, zou !*

3. /ʃ/ Le chien !

4. /s/ Le sien !

* familier pour « on y va ».

4 **Écoutez une deuxième fois les exemples de la page de gauche, puis répétez-les. Regardez les corrigés des exercices 1 et 2 puis répétez-les.**

5 Une petite visite. **Répétez.**

1. Il va chez elle chaque samedi.

2. Toujours les après-midi.

3. Jusqu'à six ou sept heures.

4. C'est un gentil jeune homme.

6 Chez Sébastien. **Transformez.**

Exemple : *A : Tu passes ?*   *B : Oui, je passe. Chez Sébastien !*

1. A : Tu passes ?   B : ....

2. A : Tu sors ?   B : ....

3. A : Tu sonnes ?   B : ....

4. A : Tu manges ?   B : ....

5. A : Tu danses ?   B : ....

6. A : Tu te reposes ?   B : ....

7 C'est fait ! **Répétez.**

1. A : Et ta chemise?

3. A : Et tes chemises ?

5. A : Et tes chemises ?

7. A : Et ta leçon ?

9. A : Et tes leçons ?

11. A : Et tes leçons ?

2. B : Je l'ai mise !

4. B : Je les ᶻ ai mises !

6. B : Je nᵉ les ᶻ ai jamais mises !

8. B : Je l'ai comprise !

10. B : Je les ᶻ ai comprises !

12. B : Je nᵉ les ᶻ ai jamais comprises !

Voir aussi leçons 24, 25, 26 et 44.

Faut vous dire Monsieur
Que chez ces gens-là
On ne cause pas Monsieur

Ces gens-là, chanson, Jacques Brel

47   Je suis grand, j'<u>ai</u> eu cinq ans !

(La labialité : les voyelles /ə/ - /E/)

Observez les exemples

vendredi

pied

le	*les*
/ə/	/E/
Les lèvres sont arrondies.	Les lèvres sont tirées.

1   /ə/ ou /E/ - « je » ou « j'ai » ? **Écoutez et soulignez ce que vous entendez.**

Exemple	*Je rougis*	J'ai rougi
1	Je construis	J'ai construit
2	Je pâlis	J'ai pâli
3	Je réfléchis	J'ai réfléchi
4	Je choisis	J'ai choisi
5	Je guéris	J'ai guéri
6	Je finis	J'ai fini
7	Je conduis	J'ai conduit
8	Je réussis	J'ai réussi
9	Je ris	J'ai ri
10	Je grandis	J'ai grandi

2   **Répétez.**

1. /ə/   J<u>e</u> souris. – Il s<u>e</u> plaint.

2. /E/   J'<u>ai</u> souri. – Il s'<u>est</u> plaint.

3   **Regardez les corrigés de l'exercice 1, puis répétez-les.**

4   **J'ai beaucoup changé.**

Exemple : *A : J'ai grandi.*   *B : Moi, j<u>e</u> grandis encore.*

À vous !

1. A : J'ai grandi.   B : ....

2. A : J'ai grossi.   B : ....

3. A : J'ai maigri.   B : ....

4. A : J'ai minci.   B : ....

5   **C'est fini ! Répétez.**

1. Je l'ai vu, j<u>e</u> n<u>e</u> l<u>e</u> vois plus.

2. Je l'ai cru, je ne le crois plus.

3. Je l'ai lu, je ne le lis plus.

4. Je l'ai su, je ne le sais plus.

5. Je l'ai, je ne l'ai plus.

6   **Comment se sent-il ?**

Exemple : *A : Il s'est senti seul ?*   *B : Il se sent toujours seul.*

À vous !

1. A : Il s'est senti seul ?   B : ....

2. A : Il s'est senti fatigué ?   B : ....

3. A : Il s'est senti malade ?   B : ....

4. A : Il s'est senti bien ?   B : ....

Voir aussi leçons 27 et 28.

Ma vie est passée
Je cherche et n'ai pas trouvé
Ma vie est passée, poème, Francis Picabia

48 — En a<u>oû</u>t, <u>où</u> vas-t<u>u</u> ?

(L'acuité : les voyelles /u/ – /y/)

Observez les exemples

12

douze

lune

a<u>oû</u>t – <u>où</u> /u/	*t<u>u</u>* /y/
La voyelle est très grave. La langue est très en arrière.	La voyelle est aiguë. La langue est très en avant.

---

1 | **Écoutez et soulignez ce que vous entendez.**

Exemple	*Dis « tu » !*	*Dis tout !*
1	Il est sûr	Il est sourd
2	La rue	La roue
3	C'est vu	C'est vous
4	Tu as vu	Tu avoues
5	Tu changes	Tout change
6	Tu parles	Tout parle
7	Tu t'es brûlé	Tout est brûlé
8	Tu vas bien	Tout va bien
9	Tu dis que c'est vrai	Tout dit que c'est vrai
10	Tu t'es préparé	Tout est préparé

2   **Répétez.**

1. /u/ - /y/   Toujours des légumes !

2. /y/ - /u/   Surtout dans la soupe !

3. /y/ - /u/ - /y/ Plus du tout de légumes !

3   **Regardez les corrigés de l'exercice 1, puis répétez-les.**

4   Menu. **Répétez.**

1. Voudrais-tu une poule au jus ?

2. Voudrais-tu une coupe de confiture ?

3. Voudrais-tu un yaourt au sucre ?

5   Conseils de vacances. **Répétez.**

1. Vous louez une voiture.

2. Vous roulez vers le sud.

3. Vous découvrez l'architecture.

4. Vous profitez de la température.

5. Vous goûtez tous les menus.

6   Tous !

Exemple : *A : Ils sont venus ?*   *B : Ils sont tous venus !*

À vous !

1. A : Ils sont venus ?   B : ….....................

2. A : Ils l'ont vu ?   B : ….....................

3. A : Ils l'ont voulu ?   B : ….....................

4. A : Et ils l'ont bu ?   B : ….....................

Voir aussi leçon 20.

On en fait beaucoup
Se pencher tordre son cou
Pour voir l'infortune
À quoi nos vies se résument.
Chanson, Alain Souchon

49 Le professeur se répose un peu.
(L'acuité : les voyelles /O/ - /Œ/)

Observez les exemples

d**o**s

2

d**eu**x

pr**o**fesseur – rep**o**se /O/	pr**o**fess**eu**r – p**eu** – le – se /Œ/
La voyelle est très grave. La langue est en arrière.	La voyelle est aiguë. La langue est en avant.

1 **Écoutez et soulignez ce que vous entendez.**

Exemple	*Prends-le*	*Prends l'eau*
1	C'est l'heure	C'est l'or
2	Une seule	Une sole
3	Mon cœur	Mon corps
4	Un petit peu	Un petit pot
5	C'est un deux	C'est un dos
6	Il ne meurt pas	Il ne mord pas
7	Ils veulent bien	Ils volent bien
8	Il ne veut rien	Il ne vaut rien
9	Un seul marron	Un sol marron
10	Un peu d'eau	Un pot d'eau

2 **Répétez.**

1. /Œ/ - /O/   Un seul port.

2. /O/ - /Œ/   Un beau feu.

3. /Œ/ - /O/   Un peu d'eau.

4. /O/ - /Œ/   Une botte neuve.

3 **Regardez les corrigés de l'exercice 1, puis répétez-les.**

4 **Il pleut dehors. Répétez.**

1. Il pleut fort !

2. Personne dehors !

3. Peu de transports.

4. Seul, un homme heureux.

5. Il porte des fleurs.

5 **D'accord !**

Exemple : *A : Tu veux des œufs ?*   *B : Des œufs ? D'accord !*

À vous !

1. A : Tu veux des œufs ?   B : ....

2. A : Tu veux des fleurs ?   B : ....

3. A : Tu veux du beurre ?   B : ....

4. A : Tu veux du bœuf ?   B : ....

6 **Quelle horreur ! Répétez.**

1. A : On déjeune à quelle l'heure ?   **2.** B : À quatorze heures.

3. A : Quel drôle d'horaire !

4. A : C'est un peu tard.   **5.** B : C'est dans le bureau du directeur.

6. A : C'est une erreur ?

7. A : Quelle horreur !

Voir aussi leçon 29.

Je lui dirai les mots bleus
Les mots qu'on dit avec les yeux
Je lui dirai tous les mots bleus
Tous ceux qui rendent les gens heureux.
Les mots bleus, chanson, Christophe

50 Vous êtes s<u>eu</u>l ?
(L'acuité : les voyelles /u/ - /Œ/)

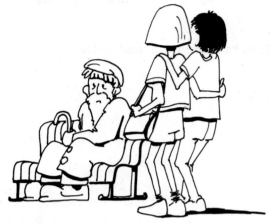

Observez les exemples

12
douze

2
deux

vous /u/	*seul* /Œ/
La voyelle est très grave. La langue est très en arrière.	La voyelle est aiguë. La langue est en avant.

1 = ou ≠ ? Identique ou différent ? **Écoutez et choisissez.**

	Exemple	1	2	3	4	5
=						
≠	X					

2 /u/ ou /Œ/ ? **Écoutez et choisissez.**

	Exemple	1	2	3	4	5
/u/ douze						
/Œ/ deux	X					

E X E R C I C E S

3   **Répétez.**

1. /u/   T<u>ou</u>t r<u>ou</u>ge.

2. /Œ/   D<u>eu</u>x f<u>eu</u>x.

3. /Œ/ - /Œ/ - /u/   Deux feux rouges.

4. /u/ - /Œ/ - /u/   Douze feux rouges.

4   **Regardez les corrigés des exercices 1 et 2, puis répétez-les.**

5   Rouge ou bleu ? **Répétez.**

1. A : Tu aimes le bleu ?

2. B : Je préfère le rouge.

3. A : Tu préfères le rouge au bleu ?

4. A : Moi, je préfère le bleu au rouge !

6   Beaucoup pour nous… **Répétez.**

1. A : Nous avons deux heures de cours.

2. B : Vous avez deux heures de cours ?

3. B : C'est peu !

4. A : Deux heures de cours…

5. A : C'est beaucoup pour nous !

7   Je ne vous trouve pas curieux !

Exemple : *A : Je suis curieux !*   *B : Je ne vous trouve pas curieux…*

À vous !

1. A : Je suis curieux !   B : ………………………………………

2. A : Je suis sérieux !   B : ………………………………………

3. A : Je suis courageux !   B : ………………………………………

4. A : Je suis généreux !   B : ………………………………………

Voir aussi leçon 30.

J'ai hissé les couleurs de mon drapeau
Bleu blanc blues
Bleu blanc blues
Bleu blanc blues, chanson, Claude Nougaro

51

Un musicien demande le silence.
(L'acuité : les voyelles /ẽ/ - /ã/)

Observez les exemples

15
quinze

100
cent

---

un – musicien	*demande – silence*
/ẽ/	/ã/
La voyelle est aiguë. Les lèvres sont tirées. La langue est en avant.	La voyelle est grave. La bouche est ouverte. La langue est en arrière.

---

1 Écoutez et soulignez ce que vous entendez.

Exemple	*Un été*	*En été*
1	Un hiver	En hiver
2	Un car	En car
3	Un avion	En avion
4	Un bus	En bus
5	Cinq (5) minutes	Cent (100) minutes
6	Cinq (5) litres	Cent (100) litres
7	Cinq (5) mètres	Cent (100) mètres
8	Cinq (5) kilos	Cent (100) kilos
9	Cent cinq (105)	Cinq cents (500)
10	Un train	En train

2   **Répétez.**

1. /ɛ̃/ - /ɑ̃/ - /ɛ̃/ Un instrument ancien.   **2.** /ɑ̃/ - /ɛ̃/ - /ɑ̃/ Quel grand musicien anglais !

3   **Regardez les corrigés de l'exercice 1, puis répétez-les.**

4   Viens, c'est vraiment bien ! **Répétez.**

1. A : Antonin, tu viens ?   **2.** B : Quand ? Maintenant ?

3. A : Oui, c'est important.   **4.** B : C'est intéressant ?

5. A : Absolument ! C'est vraiment bien !   **6.** B : Et c'est amusant ?

7. A : C'est passionnant !   **8.** B : J'attends Jean et je viens…

5   Enfin !

Exemple : *A : Je rentre.*   *B : Tu rentres, enfin !*

À vous !

1. A : Je rentre.   B : …………………………

2. A : Je commence.   B : …………………………

3. A : Je chante.   B : …………………………

4. A : Je danse.   B : …………………………

5. A : Je pense.   B : …………………………

6   Tous importants !

Exemple : *A : C'est un bon médecin ?*   *B : C'est un médecin important.*

À vous !

1. A : C'est un bon médecin ?   B : ……………………………………

2. A : C'est un bon musicien ?   B : ……………………………………

3. A : C'est un bon comédien ?   B : ……………………………………

4. A : C'est un bon gardien ?   B : ……………………………………

Voir aussi leçon 33.

Et tout un peu tremble   *Comme un fil entre l'autre et l'un,*
Et le reste s'éteint   *Invisible, il pose ses liens,*
Juste dans nos ventres   *Dans les méandres des inconscients,*
Un nœud, une faim. (…)   *Il se promène impunément.*

Et l'on n'y peut rien, chanson, Jean-Jacques Goldman

52 Faites-vous couper la barbe !

(Les consonnes constrictives /f/ - /v/ et occlusives /p/ - /b/)

Observez les exemples

 fille verre  pont  bus

faites – vous	couper – barbe
/f/ - /v/	/p/ - /b/
Ces consonnes sont continues. (constrictives)	Ces consonnes sont momentanées. (occlusives)

1 = ou ≠ ? Identique ou différent ? **Écoutez et choisissez.**

	Exemple	1	2	3	4	5
=						
≠	X					

2 /b/ ou /v/ ? **Écoutez et choisissez.**

		Exemple	1	2	3	4	5
/b/	bus	X					
/v/	verre						

3 **Répétez.**

1. /f/   Il <u>f</u>ait <u>f</u>rais.   **4.** /v/   <u>V</u>enez <u>v</u>oir !

2. /p/   Il <u>p</u>leut un <u>p</u>eu.   **5.** /b/   Une <u>b</u>elle <u>b</u>outique.

3. /f/ - /p/ Il faut un parapluie.   **6.** /v/ - /b/ Vraiment bien !

4 **Regardez les corrigés des exercices 1 et 2, puis répétez-les.**

5 Qu'est-ce qu'il faut ? **Répétez.**

1. Il faut du pain ?

2. Il faut du poivre ?

3. Il faut des pommes ?

4. Il faut des pêches ?

6 Quel bon vin ! **Répétez.**

1. A : Vous buvez du vin ?   **2.** B : Seulement du bon vin !

3. A : Un vieux bourgogne ?

4. A : Un vieux bordeaux ?

5. A : Voilà une bonne bouteille.   **6.** B : Vous avez bien choisi !

7 S'il te plaît !

Exemple: *A : Je pousse la fenêtre ?*   *B : Pousse bien la fenêtre !*

À vous !

1. A : Je pousse la fenêtre ?   B : ....

2. A : Je vide la poubelle ?   B : ....

3. A : Je ferme la porte ?   B : ....

4. A : Je branche la vidéo ?   B : ....

Fais pas ci, fais pas ça
Viens ici, mets toi là
Attention prends pas froid !
Fais pas ci, fais pas ça, chanson, Jacques Dutronc

Quand la vérité n'est pas libre,
la liberté n'est pas vraie.
Poème, Jacques Prévert

Camille ! Oui, toi !
Viens tout de suite !

(Les semi-consonnes : /j/ - /ɥ/ - /w/)

Observez les syllabes des exemples

Ou i ci, tu veux ?   Oui , si tu veux !

Tu l'as lu i ci ?   Ce lui -ci ?

Attends, si on y va…   Atten tion , on y va !

2 voyelles = 2 syllabes = ☐☐   1 semi-consonne + 1 voyelle = 1 syllabe = ☐

viens ! Camille	*suite*	*oui – toi*
/j/	/ɥ/	/w/

Les semi-consonnes sont toujours prononcées avec une voyelle.
Elles forment une syllabe avec la voyelle et une ou plusieurs consonnes.

1 Combien de syllabes ? **Écoutez et indiquez le nombre de syllabes.**

	2 syllabes	3 syllabes	4 syllabes
Exemple : *Ma passion*		X	
1. C'est Louise !			
2. Si on partait ?			
3. Où il sort ?			
4. Oui, vas-t'en !			
5. Huit jours			
6. Tu y penses ?			
7. Manu y va.			
8. Minuit vingt.			

E X E R C I C E S

2   **Répétez.**

1. /j/   C'est bien, ma fille

2. /ɥ/   C'est le 8 (huit) juillet !   △ le « t » de « huit » n'est pas prononcé devant consonne.

3. /w/   Pourquoi ? J'ai soif…

3   **Écoutez une deuxième fois les exemples de la page de gauche, puis répétez-les.
Regardez les corrigés de l'exercice 1 puis répétez-les.**

4   Ennuyeux /j/. **Répétez.**

1. C'est une émission à la télévision…

2. … sur les Parisiens et leurs quartiers…

3. … présentée par un vieux comédien…

5   Rendez-vous à minuit /ɥ/. **Répétez.**

1. En juin ou en juillet ?

2. Aujourd'hui ? Tout de suite ?

3. Mais la nuit, sous cette pluie…

6   Il va pleuvoir ce soir /w/. **Répétez.**

1. Il fait très noir, ce soir, pas d'étoiles !

2. Tu vois le tramway, à droite, au loin ?

3. Oui, il va pleuvoir, tu ne crois pas ?

7   Bientôt ! /j/

Exemple :   *A: Il vous conseille ?*   *B: Il vous conseille… Il va bientôt vous conseiller!*

1. A : Il vous conseille ?   B : ....

2. A : Il vous paye ?   B : ....

3. A : Il essaye ?   B : ....

4. A : Il travaille ?   B : ....

5. A : Il se débrouille ?   B : ....

6. A : Il se réveille ?   B : ....

Voir aussi les leçons 20, 22, 35 et 48.

*C'est la voix des nations et c'est la voix du sang
Au suivant au suivant.*

Au suivant, chanson, Jacques Brel

54 Les voisines prennent le train.

(La dénasalisation /ɛ̃/ - /yn/, /ɛ̃/ - /in/, /ɛ̃/ - /ɛn/, /ɑ̃/ - /an/, /ɑ̃/ - /ɛn/, /ɔ̃/ - /ɔn/**)**

Observez les exemples

un	fin	ancien	Jean	prend	bon	**Voyelle nasale**
une	fine	ancienne	Jeanne	prennent	bonne	**Voyelle orale + /n/**

train	*voisines – prennent*
Voyelle nasale.	Voyelle orale + /n/.
L'air passe un peu par le nez et par la bouche.	L'air passe par la bouche.
La pointe de la langue reste en bas.	La pointe de la langue monte pour /n/.

1 Masculin ou féminin ? **Soulignez ce que vous entendez.**

Exemple	*Il y a des voisins*	<u>*Il y a des voisines*</u>
1	Il y a des Parisiens	Il y a des Parisiennes
2	Il y a des paysans	Il y a des paysannes
3	Il y a des champions	Il y a des championnes
4	Il y a des pharmaciens	Il y a des pharmaciennes
5	Il y a des lycéens	Il y a des lycéennes

2 Singulier ou pluriel ? **Soulignez ce que vous entendez.**

Exemple	<u>*Il vient*</u>	*Ils viennent*
1	Il l'apprend	Ils l'apprennent
2	Il s'en souvient	Ils s'en souviennent
3	Il peint	Ils peignent
4	Il revient	Ils reviennent
5	Il comprend	Ils comprennent

E X E R C I C E S

3   Masculin-féminin. **Répétez.**

1. /ɛ̃/ - /i/   Voilà Mart<u>in</u>. – Voilà Mart<u>ine</u>.   **3.** /ɑ̃/ - /A/   Voilà J<u>ean</u>. – Voilà J<u>ea</u>nne.

2. /ɛ̃/ - /ɛ/   Voilà Fabi<u>en</u>. – Voilà Fabi<u>en</u>ne.   **4.** /õ/ - /ɔ/   Voilà Sim<u>on</u>. – Voilà Sim<u>o</u>ne.

4   **Écoutez une deuxième fois les exemples de la page de gauche, puis répétez-les.**
Regardez les corrigés des exercices 1 et 2, puis répétez-les.

5   Et sa femme ?

Exemple :   *A : Il est roumain; et sa femme ?*   *B : Elle est roumaine.*

1. A : Il est roumain; et sa femme ?   B : ....

2. A : Il est mexicain; et sa femme ?   B : ....

3. A : Il est vietnamien; et sa femme ?   B : ....

4. A : Il est canadien; et sa femme ?   B : ....

6   Les peintres. **Répétez le singulier et le pluriel.**

1. Il prend un rendez-vous. – Ils prennent un rendez-vous.

2. Il vient à la maison. – Ils viennent à la maison.

3. Il peint une chambre. – Ils peignent une chambre.

7   Seulement lui.

Exemple :   *A : Ils reviennent du Danemark ?*   *B : Lui, il revient du Danemark.*

1. A : Ils reviennent du Danemark ?   B : ....

2. A : Ils prennent des photos ?   B : ....

3. A : Ils peignent un tableau ?   B : ....

4. A : Ils se souviennent des vacances ?   B : ....

Voir aussi leçon 23.

        Les sanglots longs
        Des violons
        De l'automne   *Je te réponds ma lycéenne,*
        Blessent mon cœur   *Moi qui ne suis plus lycéen;*
        D'une langueur   *Tu veux quelqu'un qui te comprenne;*
        Monotone.   *Je te comprends, j'essaie au moins.*

        Poème, Paul Verlaine   *Ma lycéenne*, chanson, Philippe Chatel

55 Pascale, tu pars? À Lausanne?

(Quand la voyelle phonétique n'est pas influencée par la consonne suivante)

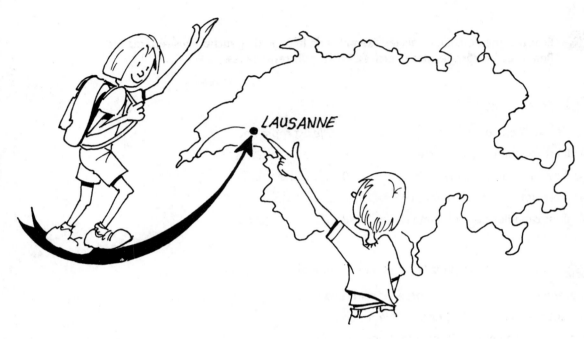

Observez les exemples

Ça va, Pascale?

Ici, Pauline!

Loulou, c'est lourd!

> Les consonnes phonétiques /l/, /r/, /n/ n'ont pas d'influence sur le timbre de la voyelle.
>
> Pensez : | Pas | ca……le | | Pau | li……ne | | C'est | lou……rd |

---

1 **Comptez les voyelles identiques à la voyelle soulignée.**

Exemple : *Isabelle, tu es la première cette semaine!*   *4 voyelles identiques*

1. <u>O</u>h! Paul, alors... tu sonnes?   … voyelles identiques

2. Mais <u>si</u>, ils dînent à L'Empire!   … voyelles identiques

3. <u>E</u>uh…il déjeune souvent seul à dix-neuf heures.   … voyelles identiques

4. Mais, <u>A</u>nne, c'est normal aussi, il est tard!   … voyelles identiques

2 Écoutez une deuxième fois les exemples de la page de gauche, puis répétez-les. Regardez les corrigés de l'exercice 1 puis répétez-les.

3 Criez ! **Répétez en criant !**

1. Martine !

2. Tu pars chez Madeleine ?

3. Claire !

4. Tu appelles Hubert, d'accord ?

5. Gilles !

6. Tu sonnes chez Marianne ?

4 Ma ville : la cathédrale, l'école. **Répétez.**

1. A : C'est une petite ville, très tranquille.

2. A : Cet hôtel s'appelle l'Hôtel de la Chapelle.

3. A : Là-bas, la cathédrale Saint Martial.

4. A : Ici, c'est l'école de Paul et de Nicole.

5 Je déjeune avec ma cousine et mes copines. **Répétez.**

1. B : Le lundi, je vais à la piscine avec ma cousine.

2. B : Après, on se promène Avenue du Maine.

3. B : Anne a toujours une banane dans son sac.

4. B : En automne, je préfère une bonne pomme.

6 Amateur ou professionnel ?

Exemple : *A : Il chante.* *B : Il est chanteur ? Amateur ou professionnel ?*

1. A : Il chante. B : ....

2. A : Il danse. B : ....

3. A : Il nage. B : ....

4. A : Il court. B : ....

5. A : Il joue. B : ....

Nulle fleur ne danse
Entre les dalles de la cour
Où Madeleine marche.

Madeleine, chanson, Francis Cabrel

56 Le canal de Panama.
(La tenue des voyelles non accentuées)

Observez les voyelles dans les exemples

Une petite visite lundi midi.
Pascale est malade, comme par hasard…
Nous trouvons toujours tout chez vous !

> La voyelle garde le même son
> au début, au milieu, à la fin du groupe rythmique.
>
> Bien articuler les voyelles, dans toutes les positions,
> permet de mieux se faire comprendre.

1 **Écoutez et comptez les voyelles identiques à la voyelle soulignée.**

Exemple : *Sarah, tu pars à quatre heures à Paris ?*   *5 voyelles identiques*

1. Philippe, tu vas à Lille ? J'y suis demain !   … voyelles identiques

2. Un billet pour Marseille, s'il vous plaît. Merci !   … voyelles identiques

3. Où ? Pour Toulouse ? Juste un retour ?   … voyelles identiques

4. À Périgueux ? Jeudi avec Mathieu, tu ne veux pas ?   … voyelles identiques

5. Bientôt à l'Opéra de Pau, on propose « Faust ».   … voyelles identiques

La tenue des voyelles non accentuées

E X E R C I C E S

2 Écoutez une deuxième fois les exemples de la page de gauche, puis répétez-les.
Regardez les corrigés de l'exercice 1 puis répétez-les.

3 Paris-Dakar. **Répétez.**

1. Dakar.
2. Paris-Dakar.
3. Le départ du Paris-Dakar.
4. Elle prépare le départ du Paris-Dakar.
5. Anna prépare le départ du Paris-Dakar.

4 Criez ! **Répétez.**

1. Pourquoi tu passes par là ?
2. Qu'est-ce qu'elle cherche ? J'y vais !
3. Jean, tu es encore en avance !
4. Rendez-vous où ? Où ça ? Au Louvre ?

5 Vie de famille. **Répétez.**

1. Papa n'a pas participé au repas.
2. Maman mange encore.
3. Mon oncle répond aux questions.
4. Ma jeune sœur déjeune seule.

6 Pas du tout ! **Transformez.**

Exemple : *A : C'est la « rue du Four » ?*   *B : La « rue du Four » ? Pas du tout !*

À vous !

1. A : C'est la « rue du Four » ?   B : ....
2. A : C'est la tarte du jour ?   B : ....
3. A : C'est la date du cours ?   B : ....
4. A : C'est la place du four ?   B : ....

Voir aussi première partie.

Un éléphant   *Un é_é___ant*
Qui se baladait   *__i _e _a_a_ait*
Tout doucement   *_ou_ _ou_e_ent*
Dans la forêt   *_ans _a _o_êt*
Il portait sur son dos *I_ _o__ait _u_ _on _os*
Un petit perroquet   *Un _e_it _e__o__et*
Qui s'appelait Jacquot *_i _a__e_ait _a___ot*
Et qui buvait du lait   *Et __i _u_ait _u _ait*
Chanson enfantine

Les sons du français

Les voyelles

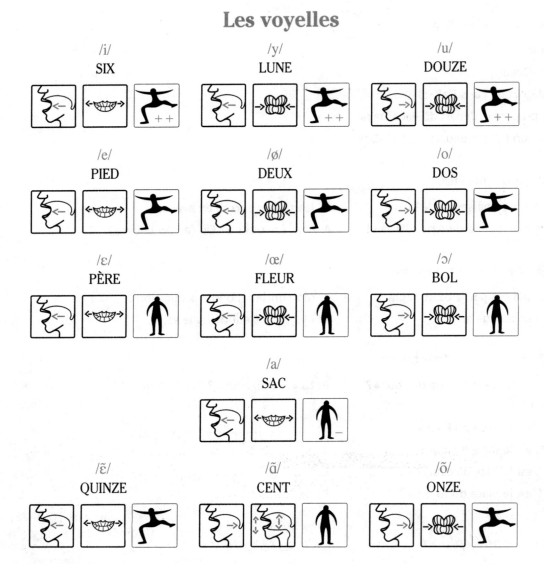

/i/ — SIX

/y/ — LUNE

/u/ — DOUZE

/e/ — PIED

/ø/ — DEUX

/o/ — DOS

/ɛ/ — PÈRE

/œ/ — FLEUR

/ɔ/ — BOL

/a/ — SAC

/ɛ̃/ — QUINZE

/ɑ̃/ — CENT

/õ/ — ONZE

Remarque sur les voyelles: il y a beaucoup de voyelles arrondies en français /y, ø, œ, u, o, ɔ, õ/. Les lèvres sont souvent en avant. Il est important de beaucoup arrondir les lèvres pour bien articuler les voyelles du français.

Les semi-consonnes (toujours prononcées avec une voyelle)

/j/
VIENS
FILLE

/ɥ/
HUIT

/w/
TROIS

Les consonnes

Antérieures   **Postérieures**

• **OCCLUSIVES** (momentanées)

Sans vibration

/p/	/t/	/k/
PONT	TOIT	CAR

Avec vibration

/b/	/d/	/g/
BUS	DOIGT	GARE

• **CONSTRICTIVES** (continues)

Sans vibration

/f/	/s/	/ʃ/
FILLE	SI	CHAT

Avec vibration

/v/	/z/	/ʒ/
VERRE	ZÉRO	JARDIN

• **NASALES**

/m/	/n/	/ɲ/
MAIN	NON	SIGNE

• /l/ - /ʀ/

/l/	/ʀ/
CIEL	TERRE

Les sons et l'orthographe

Les voyelles orales

SIX	/i/	/i/ s'écrit le plus souvent	*i, î, ï, y*	*il, île, haïr, cycle*
PIED	/ɛ/	/e/ s'écrit le plus souvent	• *é* • *-er, -ez, -ef, -ed* • *e* + double consonne • *es* (mots d'une syllabe)	*chanté* *chanter, chantez, clef, pied* *dessin* *les, mes, ces…*
		/ɛ/ s'écrit le plus souvent	• *ai* final • *è, ê* • *ei, ai, e* + consonne prononcée • *e* + double consonne (mots d'une syllabe) • *-ais, -ait, -aie*	*gai, j'aimai, j'aimerai…* *père, être* *seize, faire, mettre* *elle* *mais, fait, craie*
SAC	/A/	/a/ s'écrit le plus souvent	• *a, à, â* • *e* + mm	*chat, la* *prudemment, femme*
		/ɑ/ s'écrit le plus souvent	• *â, -as*	*pâte, bas*
DOS	/O/	/ɔ/ s'écrit le plus souvent	• *o* consonne prononcée, sauf /z/ • *u* + m final, sauf « parfum » • *eau*	*donne* *maximum* *beau, Beauce*
		/o/ s'écrit le plus souvent	• *au* • *o* en fin de mot • *o* + consonne non prononcée • *o* + /z/, ô	*matériau, haut, haute* *piano* *dos* *rose, côte*
DOUZE	/U/	/u/ s'écrit le plus souvent	• *ou, où, oû* • mots anglais	*route, où, goût* *foot, clown, pudding…*
LUNE	/Y/	/y/ s'écrit le plus souvent	• *u, û* • *eu* (conjugaison d'« avoir »)	*perdu, dû* *j'ai eu*
DEUX		/Ø/ s'écrit le plus souvent	• *eu, œu* en fin de syllabe • *eu* + /z/ ou /t/	*eux, deuxième, vœu* *Meuse, feutre*
		/œ/ s'écrit le plus souvent	• *eu, œu* + consonne prononcée (sauf /z/ et /t/) • cas particulier : *-cueil, -gueil* • mots anglais	*heure, œuf* *accueil*, △ *œil* *club, t-shirt, roller*
VENDREDI	/Œ/	/ə/ s'écrit le plus souvent	• *e* dans les mots d'une syllabe • *e* en fin de syllabe • préfixes *re* + ss et *de* + ss • *ais* dans certaines formes de « faire » • cas particulier :	*le* *reprendre, appartement* *ressources, dessus* *faisons, faisait* *monsieur*

Les voyelles nasales

QUINZE		/ɛ̃/ s'écrit le plus souvent	• *in, im*[(1)]*, yn* • *ein, eim*[(1)]*, ain, aim*[(1)] • *(i)en, (y)en, (é)en* • cas particulier : *-en* dans les noms	*vin, timbre* *plein, Reims, main, faim* *mien, moyen, européen* *examen*
		/œ̃/ s'écrit le plus souvent	• *un, um*[(1)]	*brun, parfum*
CENT	/ã/	/ã/ s'écrit le plus souvent	• *en, em, an, am*[(1)] • *(i)en(t)* dans les noms et adjectifs	*vent, membre, sans, chambre* *client, patient*
ONZE	/õ/	/õ/ s'écrit le plus souvent	*on, om*[(1)]	*mon, ombre, nom*

(1) Le « m » se trouve devant les lettres « p, b, m » et parfois en fin de mot.

Les voyelles nasales

VIENS / FILLE	/j/ s'écrit le plus souvent	• *i* + voyelle prononcée • *y* + voyelle prononcée • voyelle + il final • voyelle + *ill* + voyelle • 2 consonnes + *i* + voyelle orale • consonne(s) + *il* + voyelle • voyelle + *y* + voyelle	*ciel* *yeux* *travail* *travaille* *crier* *bille, brille* *payer*
HUIT	/ɥ/ s'écrit le plus souvent	*u* + voyelle prononcée	*huit, lui*
TROIS	/w/ s'écrit le plus souvent	• *ou* + voyelle prononcée • *oi, oin* • *w* dans les mots anglais	*oui, mouette* *moi, loin* *week-end*

Les consonnes

LES CONSONNES OCCLUSIVES (MOMENTANÉES)

PONT	/p/ s'écrit le plus souvent	*p, pp*	*par, apprend*
BUS	/b/ s'écrit le plus souvent	*b, bb*	*bon, abbaye*
TOIT	/t/ s'écrit le plus souvent	• *t, tt, th* • *d* en liaison	*ton, attendre, théâtre* *grand_t ami*
DOIGT	/d/ s'écrit le plus souvent	*d, dd, dh*	*dans, addition, adhésion*
CAR	/k/ s'écrit le plus souvent	• *c, cc* + consonne *cc* + a, *cc* + o • *qu, k (ch)*	*café, accroc, accord* *quai, kaki (chœur)*
GARE	/g/ s'écrit le plus souvent	*g* (+ a, + o), *gu*	*gare, goût, Guy*

LES CONSONNES CONSTRICTIVES (CONTINUES)

FILLE	/f/ s'écrit le plus souvent	*f, ff, ph*	*fille, effet, photo*
VERRE	/v/ s'écrit le plus souvent	*v (w)*	*voiture (wagon)*
SI	/s/ s'écrit le plus souvent	• *s* sauf entre 2 voyelles graphiques • *ss, sc* • *ce, ci, cy* • *ça, ço, çu* • *ti* + voyelle, sauf dans les imparfaits • cas particulier : *x*	*savoir, pense* *poisson, descendre* *cela, cinéma, cycle* *ça, garçon, reçu* *nation, patient* *dix, soixante*
ZÉRO	/z/ s'écrit le plus souvent	• *s* entre deux voyelles graphiques, *z* • *s* en liaison, *x* en liaison	*poison, douze* *tes_z enfants, deux_z amis*
CHAT	/ʃ/ s'écrit le plus souvent	*ch (sh, sch)*	*chien (shampoing, schéma)*
JARDIN	/ʒ/ s'écrit le plus souvent	• *j* • *ge* + a, *ge* + o, *ge* + u • *g* + e, *g* + i	*je* *mangeait, Georges, nageur* *genou, girafe*

LES CONSONNES NASALES

MAIN NON SIGNE	/m/ s'écrit le plus souvent /n/ s'écrit le plus souvent /ɲ/ s'écrit le plus souvent	*m, mm* *n, nn* *gn*	*mettre, emmêler* *notre, année, △ automne* *signe*

LES CONSONNES /l/ - /R/

CIEL TERRE	/l/ s'écrit le plus souvent /R/ s'écrit le plus souvent	*l, ll* *r, rr (rh)*	*lit, belle* *riz, terre (rhume)*

n° éditeur 10099868 – Alinéa – septembre 2003
Imprimé en France par Mame Imprimeur